探究 理論と実践

「先生のやってる探究ってホントに探究なの？」

「なんでも探究って言えばいいってもんじゃない」

読めばわかる

【著】田口哲男

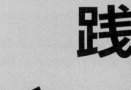

一藝社

はじめに

本書の趣旨

　本書はすべての教育関係者の方を対象にしたものですが、特に高校現場の先生、大学の教職課程で学び将来教員を目指す学生や 初年次教育の一環で PBL（プロジェクト型学習）について学んでいる学生に向けて執筆したものです。

　総合的な探究の時間は、2019 年 4 月からの移行期間を経て 2022 年度より段階的に実施され 2024 年度で 3 年目になりました。ようやく高校においても「探究は避けて通れない授業だ」ということが認識されるとともに、この授業をどのように展開していったらよいのかを試行錯誤しているという話を聞く機会が増えてきました。日常生活や社会生活において見たり聞いたりする機会がほとんどなかった「探究」というワードは、最近は社会でも認知され、小中高以外の分野、例えば、大学、企業、マスコミなどをはじめ多くの分野でも使われはじめ、浸透してきたと感じることができ、うれしい限りです。ただその際に「探究」と称している内容を見ると「それって探究？」と感じることも多々あり、学習指導要領で示している「探究」の目標からは外れていると思われるものもたくさん見ることができます。捉え方の違いもあるので、それはそれでよいかと思います。ただその影響を受けてなのか高校においても総合的な探究の時間とはかけ離れた目標や内容を「探究」と称していることも多いのではないかと感じています。

　私が大学で担当している教職科目である「総合的な学習の時間の指導法」を受講している学生の多くは高校時代の総合的な探究の時間に対して「先生が示したテーマの中から選んでやった」「何のためにやるのかわからなかった」「調べたことをみんなの前で発表しただけ」という意見でした。

　Volatility（変動性）、Uncertainty（不確実性）、Complexity（複雑性）、Ambiguity（曖昧性）の頭文字を並べた略語である VUCA は、将来の予測が困難な現代の状況を表す言葉です。今がまさに VUCA の時代真っ

ただ中ですが、今後さらに加速することも十分に考えられます。このような社会変化の激しい時代において子どもたちが生き抜くために、それぞれの学校は教育活動をどのように進めていくべきかという問いに対して答えが必要になります。しかし答えとしての唯一解はそこに存在しないでしょう。そこでは、目の前の事象から解決すべき課題を見いだし、主体的に考え、また、多様な立場の者が協働的に議論し、試行錯誤しながら見いだされた複数ある解のうちから納得解や最適解を導き出し、それを実践することが求められるのではないでしょうか。

　本書は、一藝社から 2021 年に出版した前著『探究—理論と演習』や教職に関する科目である「総合的な学習の時間の指導法」、初年次教育プログラムで実践している授業内容をベースにしながら、「総合的な探究の時間」を実施するときの話合い活動の仕方や言語活動を充実させるための「考えるための技法」やそれを可視化するためのツール（思考ツール）が今後「探究」を進めるに当たって特に重要であると考え、それにも着目しながら執筆しました。

　本書の構成
　第 1 章「汎用的な能力」では、リテラシーやコンピテンシーの解説をはじめ、なぜ今、資質・能力を育てることが重視されるのかなどについて説明しました。
　第 2 章「教育目標」では、総合的な探究の時間で育成を目指す資質・能力は学校が目指す資質・能力であることを踏まえて、カリキュラム・マネジメント、スクール・ポリシーをはじめ、学校の教育目標や総合的な探究の時間の目標の設定について説明しました。
　第 3 章「他者との協働（グループで行う活動）」では、他者と協働することの重要性、グループ活動、特に話合い活動の意義や手順、留意事項について説明しました。
　第 4 章「探究（含む PBL、改訂版タキソノミー、自己調整学習）」で

は、探究はどのような活動なのか、高校の探究学習と小中学校の探究的な学習との違いは何か、総合的な学習の時間はどのように変化し総合的な探究の時間になったのかについて説明するとともに、中央教育審議会や文部科学省は探究学習において何を目指しているかについて記述しました。

　第5章「考えるための技法と思考ツール(シンキングツール)」では、「考えるための技法」とは何か、それを可視化するために図や表を埋めながら考えを整理していく「思考ツール(シンキングツール)」のメリットや留意点、活用例について説明しました。

　第6章から第9章までは、「問いを見いだし、課題を設定する」、「情報の収集」、「整理・分析」、「まとめ・表現」という探究の過程についての意義や手順、それぞれ実施するときのポイント、その際に使うと便利な思考ツール(シンキングツール)について説明しました。ややハウツー的な要素も含みます。

　「探究の実践事例」では、コアメンバーを核としながら、すべての教員が一丸となって探究学習を実践している明照学園樹徳高等学校(群馬)を取り上げました。実践事例として、探究学習全体の取組を広井勉先生、具体的な授業実践例の一つとして、探究計画書の作成について、小林弥生先生に寄稿いただきました。どのようにしたら学校全体で探究学習に取り組むことができるのかわかりやすく解説しています。

　なお、最後にQ&Aを付け、総合的な探究(学習)の時間を実際に行うときの課題や不安・疑問点について、解決のヒントになる考え方を示しました。

2024年9月

田口哲男

目次

　　はじめに …2

第1章　汎用的な能力 …11

Ⅰ　ジェネリック・スキル …12
　Ⅰ-1 ジェネリック・スキルとは
　Ⅰ-2 　リテラシーとは
　Ⅰ-3 　コンピテンシーとは
Ⅱ　資質・能力 …21
　Ⅱ-1 　資質・能力とは
　Ⅱ-2 「キー・コンピテンシー」の概念（ＯＥＣＤ）
　Ⅱ-3 「21世紀型能力」（国立教育政策研究所）
　Ⅱ-4 　より重視される「育成を目指す資質・能力」を育てる視点

第2章　教育目標 …31

Ⅰ　カリキュラム・マネジメント …32
Ⅱ　スクール・ポリシー …37
Ⅲ　各学校の教育目標と教育課程の編成 …39
　Ⅲ-1 　各学校の教育目標の設定
　Ⅲ-2 　学校の教育目標や総合的な探究の時間の目標の質をチェック
　Ⅲ-3 教育課程の編成

第3章　他者との協働（グループで行う活動）…47

Ⅰ　他者と協働するとは …48
Ⅱ　グループ活動 …50
　Ⅱ-1 　グループワークの種類
　Ⅱ-2 　グループ内の役割を決める
　Ⅱ-3 　話合い活動
　Ⅱ-4 　グループワークの具体例
(1)ブレインストーミング　(2)KJ法　(3)他のグループ活動を行うときの手法

第4章　探究
（含むPBL、改訂版タキソノミー、自己調整学習）…59

- Ⅰ　探究とは　…62
- Ⅱ　PBL（プロジェクト型学習と問題解決型学習）…64
- Ⅲ　改訂版ブルーム・タキソノミー　…64
- Ⅳ　自己調整学習　…68
- Ⅴ　研究・探究・調べ学習とは　…71
- Ⅵ　「総合的な学習の時間」の学習指導要領の目標の対比　…73
- Ⅶ　小中学校と高等学校の接続　…75
- Ⅷ　高等学校で求められる探究学習とは　…76
- Ⅸ　オーセンティックな学び（真正の学習）を教科横断の視点で実践　…77
- Ⅹ　結局、探究学習では何を目指しているのか　…80

第5章　「考えるための技法」と「思考ツール（シンキングツール）」…85

- Ⅰ　「考えるための技法」と「思考ツール」…86
  - Ⅰ-1　「考えるための技法」を活用する
  - Ⅰ-2　「考えるための技法」の例とその内容
  - Ⅰ-3　「考えるための技法」を使うことの意義や留意点
  - Ⅰ-4　「考えるための技法」を活用するための思考ツールの例
- Ⅱ　「考えるための技法」を活用するための思考ツールの具体的な使い方の例　…92
  - Ⅱ-1　具体化・抽象化する（例）ロジックツリー
  - Ⅱ-2　2軸を用いて比較する①（例）SWOT分析
  - Ⅱ-3　2軸を用いて比較する②（例）緊急度/重要度マトリクス
  - Ⅱ-4　分類する（例）コントロール可能/不可能
  - Ⅱ-5　多面的・多角的に考える①（例）6W2H
  - Ⅱ-6　多面的・多角的に考える②（例）オズボーンのチェックリスト
  - Ⅱ-7　関連付ける（例）イメージマップ

第6章　問いを見いだし、課題を設定する　…105

Ⅰ　問いを見いだし仮説を立てるまでの手順　…106
　Ⅰ-1　問題とは
　Ⅰ-2　問題と課題の違い
　Ⅰ-3　問題を見いだす方法（例）As is/To be
　Ⅰ-4　原因を特定し問題解決策を考える方法（例）ロジックツリー
　Ⅰ-5　課題の優先順位を付ける方法（例）2軸で比較する
　Ⅰ-6　設定された課題の質を検討する方法（例）SMART
　Ⅰ-7　仮説を立てる
　Ⅰ-8　立てた仮説を可視化する方法（例）ストーリーボード
Ⅱ　課題の設定では学習者が自分で課題を発見する過程が大切　…121

第7章　情報の収集　…125

Ⅰ　情報の収集とは　…126
　Ⅰ-1　情報の収集のポイント
　Ⅰ-2　情報の収集の4原則
Ⅱ　情報源について　…128
　Ⅱ-1　情報源の特性を知る
　Ⅱ-2　情報を批判的に考える
Ⅲ　収集した情報の種類とその整理・保存　…131
　Ⅲ-1　収集した情報の種類と活用法
　Ⅲ-2　情報の整理・保存
Ⅳ　学習指導要領における情報の収集　…136
Ⅴ　情報の収集の主な方法　…138
　Ⅴ-1　文献で言葉の意味や過去の事例を調べる
　Ⅴ-2　自ら調査する
　Ⅴ-3　観察・実験・調査

第8章　整理・分析　…159

Ⅰ　整理とは、分析とは　…160
Ⅱ　整理・分析を行うときの留意事項　…161
　Ⅱ-1　学習者自身が情報を吟味する
　Ⅱ-2　情報の整理や分析を行う方法を決定する
　Ⅱ-3　言語化された情報の整理・分析は
　　　　意識的に「考えるための技法」を活用する
　Ⅱ-4　情報の整理・分析の過程を通して思考力等を身に付ける
　Ⅱ-5　整理・分析のチェックリスト
Ⅲ　整理・分析の目的及びその具体的な方法　…164
　Ⅲ-1　整理・分析の目的及びその具体的な方法の考え方
　Ⅲ-2　整理・分析の具体的な方法の概要
　Ⅲ-3　数値化された情報の分析（定量分析）
　Ⅲ-4　言語化された情報の分析（定性分析）
　Ⅲ-5　分析結果を解釈する

第9章　まとめ・表現　…173

Ⅰ　まとめ、表現とは　…174
　Ⅰ-1　まとめとは、表現とは
　Ⅰ-2　まとめ・表現の過程で学習者や教師が配慮したいこと
Ⅱ　探究の過程と発表（文書・口頭）の構成　…178
Ⅲ　まとめ・表現の実践例　…178
Ⅳ　文書による報告（論文の書き方）　…179
　Ⅳ-1　探究における論文
　Ⅳ-2　論文の構成
　Ⅳ-3　序論（はじめに）と結論（おわりに）の書き方
　Ⅳ-4　本論の書き方
　Ⅳ-5　「引用・参考文献の書き方」の例
　Ⅳ-6　レポート・論文を書く際の留意点
　Ⅳ-7　レポート・論文で使いたい表現の例

- Ⅳ-8　図や表の用い方
- Ⅴ　プレゼンテーション（口頭発表・ポスター発表）のポイント　…192
  - Ⅴ-1　プレゼンテーションとは
  - Ⅴ-2　プレゼンテーションの流れと構成要素
  - Ⅴ-3　構成・アウトラインを考える
  - Ⅴ-4　口頭発表とは
  - Ⅴ-5　スライド作成のポイント
  - Ⅴ-6　スピーチの仕方
  - Ⅴ-7　ポスター発表とは

探究の実践事例　　明照学園樹徳高等学校（群馬県）　…211
　　　　　　　　　　　探究学習の授業での展開の仕方

探究Q&A　…237

著者紹介　…248

第1章

汎用的な能力

Ⅰ ジェネリック・スキル

Ⅰ-1 ジェネリック・スキルとは

　ジェネリック・スキルの「ジェネリック」とは、「一般的な」「汎用的な」という意味です。ジェネリック・スキルとは社会でどんな仕事に就いても必要な力である**汎用的な能力**を指しています。

　汎用的な能力と同じような意味をもつ言葉は、ジェネリック・スキル以外にもいろいろあります。例えば、「資質・能力」「生きる力」「人間力」「社会人基礎力」「学士力」「21世紀型能力」「コンピテンシー」などです。近年、一貫した学校教育の中で、このような力を育成することが求められるようになってきました。

　汎用的な能力やジェネリック・スキルは「特定の専門分野に関係なく、すべての人に求められる能力であり、コミュニケーションスキルや論理的思考力といった『汎用的な技能』の他、チームワークやリーダシップ、倫理観などを含む『態度・志向性』、『統合的な学修経験と想像的思考力』などを含んだ能力」ともいわれています[1]。

　ジェネリック・スキルについて川嶋(2011)は「知識基盤社会においては、知識の多寡ではなく、**学んだ知識を活用して、新たな価値を生み出す能力**が必要とされます。そして知識基盤社会の中核を担うことを期待される大卒人材には、**知識を活用するために必要な創造的思考力、問題解決力、分析力といった能力に加え、協働する力やリーダシップが求められる**」としています[2]。

　社会は今、グローバル化や技術革新などにより、複雑で変化の激しい不確実性の時代（VUCA）にあるといわれています。2020年頃、新型コロナウイルスの世界全体への同時期の直撃を受けた際には、予想もしない影響を受けました。これにより、VUCAの時代が加速し、私たちは根本的な価値観や行動様式を一変せざるを得なくなりました。このように急激に変化する社会を生き抜くために、初等中等教育や高等教育におい

て、汎用的な能力やジェネリック・スキルの育成が求められています。

ところで、汎用的な能力やジェネリック・スキルの構成要素は、コンピテンシーの構成要素と重なるものがたくさんあります。**コンピテンシーについては「知識、スキル、態度・価値観を結集する能力」、あるいは「自分を取り巻く環境に実践的に対処する力」**ともいわれています。具体的には、動機付け、主体性、協働性、自律性、コミュニケーションスキル、創造性、批判的思考力、問題解決能力などになります。

Ⅰ-2　リテラシーとは

リテラシーって何ですか

知識や情報を用いて、問題を発見し、それを解決するときに必要な能力だよ。知識や情報を活用する能力ともいわれているよ。認知科学では情報処理能力ともいうかな

リテラシーとは、もともと読み書き能力を意味する言葉です。リテラシーについて、樋口（2021）は「書字文化が普及していくなかで、文字を媒介とした意思疎通ができるかどうかを意味する言葉として用いられるようになった。」と述べています[3]。

リテラシーの概念については、1980年代、工業社会から知識基盤社会へと展開する中で、社会で必要とされる能力が大きく変容しました。1985年の「全米リテラシー調査」を契機に、**読み書き能力から情報処理能力へと捉え直される**ようになりました[4]。

そして、2000年にOECD（経済協力開発機構）が国際比較調査PISAの中でリテラシーという概念を用いたことでリテラシーという言葉が注目を浴びるようになりました。PISAでは学んだことを社会生活の中で生かす能力を調査していたことから、リテラシーといえば「活用力」「応用力」を意味する言葉という解釈が広まりました。

ちなみに河合塾／リアセックでは、リテラシーを「**知識や情報を用いて、**

問題を発見し、それを解決するときに必要な力」「新しい問題や経験のない問題に対して、知識を活用して問題を解決する能力」としています[5]。

なお、リテラシーと同様な意味を持つ「思考力・判断力・表現力等」については、学校教育法第30条第2項において、**「思考力，判断力，表現力等」とは「知識及び技能」を活用して課題を解決するために必要な力**と規定されています。この知識及び技能を活用して課題を解決する過程については，平成28年の中央教育審議会「幼稚園、小学校、中学校高等学校及び必要な方策等について（答申）」（以下「平成28年答申」）では、大きく分類して次の三つがあると考えられています[6]。

① 物事の中から問題を見いだし、その問題を定義し、解決の方向性を決定し、解決方法を探して計画を立て、結果を予測しながら実行し、振り返って次の問題発見・解決につなげていく過程
② 精査した情報を基に自分の考えを形成し、文章や発話によって表現したり、目的や場面、状況に応じて互いの考えを適切に伝え合い、多様な考えを理解したり、集団としての考えを形成したりしていく過程
③ 思いや考えを基に構想し、意味や価値を創造していく過程

①は探究の過程そのものを、②については探究の過程における話合い活動の過程を示しています。②、③の過程は探究学習を進める上で①と同様に大切な過程です。

河合塾／リアセックでいうところのリテラシーは、学習指導要領における「思考力・判断力・表現力等」にあたるものと考えることができます。

溝上(2023)は、思考について、認知科学では、情報処理プロセスにおいて働く認知機能の一つであり、ある状態を作り出す働き、ないしはそれに向かうプロセスを指すものであると述べています[7]。主な認知の機能としては「感覚・知覚」「記憶」「思考」「言語」「注意」などがあります。

なお、総合的な探究の時間における探究の過程で使われる「知識・技能」については、総合的な探究の時間の第1目標の中で以下のように記述さ

れています。

> （1）探究の過程において、課題の発見と解決に必要な知識及び技能を身に付け、課題に関わる概念を形成し、探究の意義や価値を理解するようにする。

　総合的な探究の時間における探究の過程で必要となる知識・技能については、平成30年版高等学校学習指導要領では、各教科・科目等で、あるいは小中学校の総合的な学習の時間の学習を通してある程度は身に付けていることを前提としていますが、現実的には、探究の過程において必要となる知識・技能が不十分な学習者も多く見受けられます。そのため各過程（課題の設定、情報の収集、整理・分析、まとめ・表現）について、探究活動を行う前に各過程を取り出し、例えば思考ツールなどを使いながら演習などを行うことを通して、各過程で求められている知識・技能を事前に身に付けておくことも一つの方法としてあります。

　ただ探究活動の最初の段階で仮につたない知識・技能であったとしても、探究活動を進める中で高度な知識・技能が求められたり、自身が探究活動に対して必要感を持ったりして取り組んでいるうちに経験を積むことで徐々に自らの力で探究の過程を進めることができるようになります。その結果、知識・技能が精緻（せいち）化され、身体化されていくと考えられています。知識と知識、技能と技能が関連付けられて構造化され、統合的に活用されるようになるといわれています。学習者が課題を解決するために教師の支援の下、**その探究の過程を行きつ戻りつと試行錯誤を何度も繰り返す**ことにより、徐々に探究の過程が高度化し、「思考力・判断力・表現力等」が育っていくようになるといわれています[8]。

　総合的な探究の時間においては、**問題解決的な学習を発展的に繰り返していくことが探究である**と定義されており、探究学習を実現するためには、**①課題の設定→②情報の収集→③整理・分析→④まとめ・表現の探究のプロセスを発展的に繰り返していくこと**が重視されています[9]。

　河合塾／リアセックでは、問題解決のプロセスに必要な力として、問

第1章　汎用的な能力

題解決するために必要な情報を集める「情報収集力」、集めた情報を分析する「情報分析力」、分析した情報のなかから解決すべき課題を見つけ出す「課題発見力」、解決策を考える「構想力」、構想した解決策を他者に伝える「表現力」、解決策を実行し最後までやり遂げる「実行力」の6つの力をあげ、課題を解決のプロセスにおいて必要な力としています[10]。

リテラシーや「思考力・判断力・表現力等」は未知の状況にも対応できる資質・能力であり、複雑で変化の激しい不確実性の時代（VUCA）において、最も求められている資質・能力といわれています。

なお、認知的側面であるリテラシーに情意的側面や対人関係能力などの社会的側面が加わると、汎用的な能力やコンピテンシーになります。

Ⅰ-3　コンピテンシーとは

変化の激しい予測のつかない社会においては、社会で生きて働くコンピテンシーが必要とされる時代になりました。「何を知っているか」から、知識を活用して「何ができるか」を問う教育へのパラダイム転換が求められてきました。コンピテンシーとは、知識だけではなく、情報処理能

コンピテンシーって何ですか？

いろんな捉え方があるんだよ。社会生活や職業生活の中で実際的な成果を上げることができる能力かな。**人間の能力の全体という捉え方**もあるよ。例えば、主体性、粘り強さ、自律性、協働性、コミュニケーション能力、親和力、論理的思考力、問題解決能力などかな。資質・能力、汎用的な能力と同じ能力ですね

力（問題解決能力など）、さらに態度を含んだ人間の全体的な資質・能力と考えられます[11]。知識の活用による問題解決が求められる今日、日本では、コンピテンシーに基づく様々な教育改革が進められています。

コンピテンシーについて文部科学省「用語解説」では次のとおり記述されています[12]。

> **知識や技能（スキル）そのものではなく、それらを駆使して業務上の課題を遂行・解決する能力に着目した概念**。近年、企業における能力評価の道具として開発されたが、教育や臨床心理学などの分野において広く使用されるようになった。新たな概念で定義は一律でなく、アメリカでは高業績をあげる人の行動特性として、イギリスでは標準的な業務遂行能力として使われることが多い（イギリスの場合は「コンピテンス」と称することが一般的）。わが国では、これまでの職能資格制度が評価基準としてきた潜在能力に対立する能力観として、成果主義とともに導入された経緯から「顕在能力」という意味合いが強い

なお、「顕在能力」とは現時点で表に出ていて自在に発揮できる能力のことです。

1980年代後半から1990年代になると、諸外国においては新しい経済に対応するために、職場におけるコンピテンシーを明らかにして、その定義を試みようとしました。

コンピテンシーの捉え方の一つに行動特性があります。高い業績をコンスタントに示している人（ハイパフォーマー）が特徴的に持っている行動・思考・態度などの行動パターンのことを指します。米国のマクレランド（1973）は、同じ学歴・知能レベルの外交官の業績の差の原因を研究し、人間の根源的特性を含む広い概念として発表しました。その後ボヤティズ（1982）によって「組織の置かれた環境と職務上の要請を埋め合わせる行動に結びつく個人特性としてのキャパシティ、あるいは、強く要請された結果をもたらすもの」として再定義されました。

「知識をたくさん持っている、いわゆる頭のいい人」が必ずしも「高い業績を上げる人」ではないことはよくいわれていることです。それでは「高い業績を上げる人」をどのようにして発見したり育成したりするのでしょうか、それを考えるならば、「高い業績を上げる人」がどのように行動し、思考・態度をとる傾向にあるのかをあらかじめ捉えて、その行動

パターンをコンピテンシー・モデルとして明らかにすることです。そして、その高い業績をあげる行動特性がコンピテンシーということになります。高い業績をあげるためには、自身がコンピテンシー・モデルに近づくことです。そのために、次のようなことが考えられました。

> ① コンピテンシー・モデルにならった行動を取れるように目標を設定し、その行動を心がける
> ② コンピテンシー・モデルの行動の基礎となる能力を分析して身に付ける
> ③ ②を基盤に、柔軟な行動を生み出す発想や判断力を向上させる

1980年代後半以降、新しい知識・情報・技術が、社会のあらゆる領域での活動の基盤となることの重要性が増す社会になってきました。社会のそのような質的な変化が認識されるようになり、コンピテンシーを育成することが職場のみならず学校教育にも求められるようになってきました。それについて松尾は次のように述べています[13]。

　人的資源への関心の高まりは、経済に果たす教育の役割の再考につながっていった。職場や社会で必要な能力再定義が求められ、新しい経済に対する人材の養成のために、職業教育の見直しが進められていったのである。また変化の激しい社会に対応して、生涯にわたって学び続ける必要から生涯教育が注目を集め、学習社会といった概念も提唱されるようになった。人的資源の開発に向けた動きは、高等教育、さらには初等中等教育へと学校教育の全体に広がり、コンピテンシーの育成の視点から教育システムを抜本的に改革することが多くの国々で主要な国家戦略の一つになっていたのである。

　コンピテンシーについて、松下（2014）は「知識・技能などの認知的側面だけでなく、興味・関心などの情意的側面や対人関係能力などの社会的側面をも含む人間の能力の全体を包含していること」と述べています[14]。

なお、河合塾／リアセックでは、コンピテンシーを測定する場合には、変化する環境や人間関係に適切に対応するためには、人を理解し（対人）、課題の本質を理解し（対課題）、自分を理解する（対自己）必要があるとして、コンピテンシーを支える力として「①対人基礎力」「②対課題基礎力」「③対自己基礎力」を三つの力としています。更に「①対人基礎力」としては「親和力」「協働力」「統率力」、「②対課題基礎力」としては「感情制御力」「自信創出力」「行動持続力」、「③対自己基礎力」としては「課題発見力」「計画立案力」「実践力」を具体的な能力として挙げ、それぞれの能力について定義づけをしています。次頁の図は、それをまとめたものになります[15]。

　コンピテンシーは、現在、世界各国において、今日的に育成すべき人材像をめぐって、**「断片化された知識や技能ではなく、人間の全体的な能力」**として定義されています。

　日本（文部科学省）では、職業上の実力や人生の成功に直結するような、社会的スキルや動機、人格特性も含めた包括的な能力をコンピテンシーとして捉えて、「資質・能力」としています。

図表 1-1　コンピテンシーを支える三つの能力と九つの能力要素

①対人基礎力	②対自己基礎力	③対課題基礎力
親和力 人に対して、興味をもって相手の話を聞き、相手の立場や気持ちを思いやったり、共感し受けとめる、また多様な価値観を受け入れる。さらにそうした関わりから、相手と信頼関係を築いたり、人脈を広げていく力	**感情制御力** 自分の感情や気持ちを認識して客観的に言動をコントロールしたり、ストレスをうまく処理することができる。また、プレッシャーを感じる場面でも、感情をコントロールして力を発揮する力	**課題発見力** 適切な方法で情報を収集し、事実に基づいて客観的に分析、本質的な問題を見極める。さらに、様々な角度から課題を分析し、原因を明らかにする力
協働力 周囲や集団において自分の役割を理解した上で互いに連携・協力し、助けあったり、情報を共有して一緒に物事を進めていく。さらに、他者の相談に乗るなど働きかけ、動機づけする力	**自信創出力** 自己の強み弱みを認識した上で、自分に自信をもって物事に取り組むことができる。また、常に学ぶ姿勢をもち、経験の機会をうまくとらえて挑戦していく力	**計画立案力** 明確な目標を立て、その実現に向けて効果的な計画を立てる。また、立てた計画に対して目標の実現や課題解決に向けての見通しを立てたり、どんな問題が起こり得るかのリスクを想定して事前に対策を講じる力
統率力 集団の中で、自分の意見を主張すると同時に、議論の活発化や発展のために集団に働きかける。また、必要に応じて、意見の調整、交渉、説得し、集団を合意に導く力	**行動持続力** 主体的に行動し、物事には最後まで粘り強く取り組むことができる。また、良い行動を習慣化する力	**実践力** 計画をすすんで実行し、状況に応じて柔軟に行動を修正する。また、行動を振り返って検証し、次の行動の改善に結びつける力

出典：引用・参考文献（15）

Ⅱ 資質・能力

Ⅱ-1 資質・能力とは

　「資質」や「能力」については、平成29年・30年版学習指導要領の告示以前に教育に関係する法令に記載されています。例えば、教育基本法第１条では、教育の目的として、「教育は、人格の完成を目指し、平和で民主的な国家及び社会の形成者として必要な**資質**を備えた心身ともに健康な国民の育成を期して行われなければならない」とされています。また、平成21年版高等学校学習指導要領第４章総合的な学習の時間の目標には、「自ら課題を見付け、自ら学び、自ら考え、主体的に判断し、よりよく問題を解決する**資質や能力**を育成する」こととされています。つまり、これまでの教育関係の法規では、「資質」は「能力」を含んでいたり、含んでいなかったりしています。したがって、文部科学省ではこれらを踏まえて「資質」「能力」を次のように整理しました[16]。

> 「資質」とは、「能力や態度、性質などを総称するものであり、教育は、先天的な資質を更に向上させることと、一定の資質を後天的に身に付けさせるという両方の観点をもつものである」とされており、「資質」は「能力」を含む広い概念として捉えられている。
>
> 　これらも踏まえ、「資質」と「能力」の相違に留意しつつも、行政用語として便宜上「資質・能力」として一体的に捉えた上で、これからの時代を生きる個人に求められる資質・能力の全体像やその構造の大枠を明らかにすることを目指すこととした。

Ⅱ-2 「キー・コンピテンシー」の概念（OECD）

　キー・コンピテンシーとは、OECDが1999～2002年にかけて行った「コンピテンシーの定義と選択」(DeSeCo)プロジェクトの成果であり、多数の加盟国が参加して国際的合意を得た新たな能力概念で国際的に共通する現代人の主要な能力であるとしています。

第１章　汎用的な能力

ここでのコンピテンシーは知識・技能よりも上位にあり、「特定の状況の中で、心理的・社会的な資源を引き出し、活用することにより複雑なニーズに応じる能力」とされました。

　前述したとおり、1980年代後半以降、職業社会では、コンピテンシーという能力概念が普及し始めました。グローバル化と近代化により、多様化し、相互につながった世界において、「**人生の成功と正常に機能する社会のために必要な能力**」として定義され、OECDの「生徒の学習到達度調査」（PISA）にも取り入れられ、世界の国々の教育政策の方向づけに大きな影響を与えています。

　文部科学省「用語解説」では「キー・コンピテンシー（主要能力）」については次のような記述があります[17]。

> 教育の成果と影響に関する情報への関心が高まる中で1990年代後半にスタートし、2003年に最終報告されたOECDのプログラム『**コンピテンシーの定義と選択**』に規定されており、PISA調査の概念枠組みの基本となっている。**単なる知識や技能だけではなく、技能や態度を含む様々な心理的・社会的なリソースを活用して、特定の文脈の中で複雑な要求（課題）に対応することができる力**である**コンピテンシー（能力）**の中で、特に以下の性質を持つとして選択されたもの。
> ①　**人生の成功や社会の発展**にとって有益
> ②　さまざまな文脈の中でも**重要な要求（課題）に対応**するために必要
> ③　特定の専門家ではなく**すべての個人にとって重要**

　キー・コンピテンシーは、①〜③の条件に当てはまるコンピテンシーを指していることがわかります。ここで、①の人生の成功や社会の発展にとって有益であること、あるいは③のすべての個人にとって必要な能力であるところが、「業務上の課題を遂行・解決する能力に着目した概念としてのコンピテンシーとはやや異なることが分かります。

　キー・コンピテンシーは、次の図のように3つのカテゴリーに区分される9つの能力で構成されています。

図表 1-2 キー・コンピテンシーの生涯学習政策指導としての能力としての活用可能性に関する調査研究 https://www.nier.go.jp/04_kenkyu_annai/div03-shogai-lnk1.html

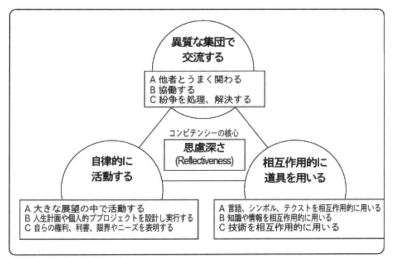

　キー・コンピテンシーは言い換えると次のような能力で構成されていると考えられます。
① 言語や知識、技術を活用しながら、自らをとりまく環境や他者と対話し、世界に働きかける能力
② 多様な集団と関係を構築し、共に学び、生活し、働く力、いわゆる人間関係形成能力
③ 個人的アイデンティティを発展させるとともに、様々な社会生活の場面において自律的に行動できる能力
　さらに、①～③のコンピテンシーの中核となる能力が省察性である「思慮深さ」、思慮深く考え行動する力です。「思慮深さ」については、自分の経験と関連付けできること、物事を多角的な視点で捉えて批判的に考え行動すること、自主的に判断し自分の行動に責任を持つなどの能力を指します[18]。

Ⅱ-3 「21世紀型能力」（国立教育政策研究所）

国立教育政策研究所では、「社会の変化の主な動向等に着目しつつ、今後求められる資質や能力を効果的に育成する観点から、将来の教育課程の編成に寄与する選択肢や基礎的な資料を得る」ことを目的に、平成21年度から「教育課程の編成に関する基礎的研究」が実施されました。

平成24年度の報告書では、「思考力（例：問題解決・発見力・創造力、論理的・批判的思考力、メタ認知・適応的学習力）」を中核として、それを支える「基礎力（言語スキル、数量スキル、情報スキル）」、その使い方を方向付ける「実践力（自律的活動力、人間関係形成力、社会参画力、持続可能な未来への責任）」という3層構造で構成される「21世紀型能力」が提案されました[19]。

図表1-3 国立教育政策研究所『教育課程の編成に関する基礎的研究報告書5 社会の変化に対応する資質や能力を育成する教育課程編成の基本原理』（平成24年度プロジェクト研究調査研究報告書）参照

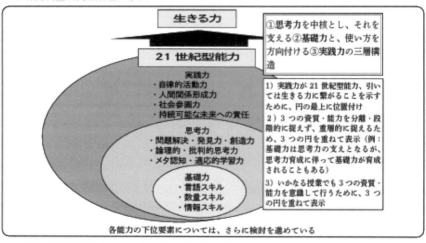

「21世紀型能力」では資質・能力の質については3層で捉えていることがわかります。第1は、「21世紀型能力」の土台となる「**基礎力**」です。**言語、数、情報（ICT）を目的に応じて道具として使いこなす力**とされます。昔から読み書きや計算力といった基本的な学力を身に付けることが、学校教育の役割だとされてきました。これは今でも変わりませんが、「21

世紀型能力」ではそれに情報を使いこなす力も含めているのが特徴です。第2は、「基礎力」の外側にある**中核となっている「思考力」です。いくら様々な知識や技能を身に付けても、それだけでは実社会や実生活で生かせません。**既有の知識・技能をもとにしながら考えること、つまり思考力を育てることが重要です。「思考力」は、問題の解決や発見、新しいアイデアの生成に関わる創造力、その過程で発揮され続ける論理的・批判的思考力、自分の問題の解き方や学び方を振り返るメタ認知、そこから次に学ぶべきことを探す適応的学習力などから構成されます。第3は、さらにその外側にある「**実践力**」です。**思考したことは行動することでその価値が高まります。**「実践力」は、自分の行動を調整し、生き方を主体的に選択するキャリア設計力、他者と効果的なコミュニケーションをとる力、協力して社会づくりに参画する力、倫理や市民的責任を自覚して行動する力などから構成されます。

Ⅱ-4　より重視される「育成を目指す資質・能力」を育てる視点

　2007(平成19)年に学校教育法が改正され、その第30条第2項が定める学校教育において重視すべき三要素として、「知識・技能」「思考力・判断力・表現力等」「主体的に学習に取り組む態度」が示されました。

　これらの三要素を議論の出発点としながら、学習する子供の視点に立ち、育成を目指す資質・能力の要素について中央教育審議会で議論が重ねられたといわれています。

　さらに、海外の事例や、カリキュラムに関する先行研究等を分析した結果、諸外国では資質・能力に共通する要素は、「知識に関するもの」、「思考や判断、表現等に関わる能力に関するもの」、「情意(人間性など)や態度等に関するもの」の三つに大きく分類されていることがわかりました[20]。

　育成を目指す資質・能力の三つの柱は、こうした分析を踏まえ、生きる力や各教科等の学習を通して育まれる資質・能力、学習の基盤となる資質・能力など、あらゆる資質・能力に共通する要素を整理した結果、

次の三つが**育成を目指す資質・能力の三つの柱**となりました[21]。

> ① 「**何を理解しているか、何ができるか**
>   （生きて働く「知識・技能」の__習得__）」
> ② 「**理解していること・できることをどう使うか**
>   （未知の状況にも対応できる「思考力・判断力・表現力等」の__育成__）」
> ③ 「**どのように社会・世界と関わり、よりよい人生を送るか**
>   （学びを人生や社会に生かそうとする「学びに向かう里から・人間性等」の__涵養__）」

生きて働く「知識・技能」、未知の状況にも対応できる「思考力・判断力・表現力等」、学びを人生や社会に生かそうとする「学びに向かう力・人間性等」が教育課程を編成するときに最も留意しなければならない資質・能力となりました。

今までの日本の教育は、学ぶべき知識を系統的に整理した内容（コンテンツ）が重視されてきました。これを「知識」と捉えていました。「平成28年答申」では、「教育課程の考え方については、ともすれば、学ぶべき知識を系統的に整理した内容（コンテンツ）重視か、資質・能力（コンピテンシー）重視かという議論がなされがちであるが、これらは相互に関係し合うものであり、資質・能力の育成のためには知識の質や量も重要となる」と指摘しています[20]。**知識や技能は、思考・判断・表現を通じて習得されたり、その過程で活用されたりするものであり、また、社会との関わりや人生の見通しの基盤ともなります。**このように、資質・能力の三つの柱はそれぞれ単独で育成されるものではなく、相互に関係し合いながら育成されるものです。知識・技能は、それ自体、生きて働く知識・技能まで高める必要があります。つまり、暗記・再生（「知ってる・できる」レベル）に留まらずに、概念の意味理解（「わかる」レベル）まで高めることです。更に、「知識・技能」を探究の過程などで活用することで未知の状況にも対応できる「思考力・判断力・表現力等」まで高める必要があります。

育成を目指す資質・能力は、どれも知識の質や量に支えられているものであり、資質・能力（コンピテンシー）重視になったのだから知識・技能はもう必要ないということではありません。知識・技能の習得や活用を引き続き重視していく必要があります。

　なお、中央教育審議会「『令和の日本型学校教』の構築を目指して～全ての子供たちの可能性を引き出す、個別最適な学びと、協働的な学びの実現～（答申）」において、「社会の在り方そのものが、これまでとは『非連続』と言えるほど、劇的に変わる状況が生じつつある時代においては、必要な資質・能力として

> 文章の意味を正確に理解する読解力、教科等固有の見方・考え方を働かせて自分の頭で考えて表現する力、対話や協働を通じて知識やアイディアを共有し新しい解や納得解を生み出す力、豊かな情操や規範意識、自他の生命の尊重、自己肯定感・自己有用感、他者への思いやり、対面でのコミュニケーションを通じて人間関係を築く力、困難を乗り越え、ものごとを成し遂げる力、公共の精神等

を挙げています[23]。それらは、次代を切り拓く子供たちに求められる資質・能力であるとしています。そして、それらの資質・能力を育むためには、学習指導要領を着実に実施していくことが重要であるとしています。

【引用・参考文献】

(1) 河合塾.Kawaijuku Guideline ジェネリック・スキルをどのようにして測定・評価するか.河合塾.2011.p.56-57
(2) 河合塾.Kawaijuku Guideline 大学生のジェネリック・スキルを育成・評価するために.河合塾.2011.p.53-55
(3) 西岡加名恵ほか.教育評価重要用語辞典.明治図書.2021.p.84
(4) 松尾智明.知識社会とコンピテンシー概念を考える.教育学研究.第83巻 第2号.2016.
(5) 河合塾.Kawaijuku Guideline ジェネリック・スキルをどのようにして測定・評価するか.河合塾.2011.p.56-57

(6) 文部科学省.高等学校学習指導要領(平成 30 年)解説総則編.2018.p.41

(7) 溝上慎一.インサイドアウト思考―創造的思考から個別的な学習・ライフの構築へー.東信堂.2023

(8) 文部科学省.高等学校学習指導要領（平成 30 年）解説総合的な探究の時間編.2018.p.15

(9) 文部科学省.高等学校学習指導要領（平成 30 年）解説総合的な探究の時間編.2018.p.12

(10) 河合塾.Kawaijuku Guideline ジェネリック・スキルをどのようにして測定・評価するか.河合塾.2011.p.56-57

(11) 松尾智明.21 世紀に求められるコンピテンシーと国内外の教育課程改革.国立教育政策研究所紀要第 146 集.2017

(12) 文部科学省.用語解説（コンピテンシー）p.57. https://www.mext.go.jp/component/b_menu/shingi/toushin/__icsFiles/afieldfile/2013/05/13/1212958_002.pdf 最終閲覧日 2021.6.27

(13) 松尾智明.21 世紀に求められるコンピテンシーと国内外の教育課程改革.国立教育政策研究所紀要第 146 集.2017

(14) 松下佳代.PISA リテラシーを飼いならす.「教育学研究」第 81 巻 第 2 号.2014

(15) 河合塾.Kawaijuku Guideline ジェネリック・スキルをどのようにして測定・評価するか.河合塾.2011.p.56-57

(16) 文部科学省.育成すべき資質・能力を踏まえた教育目標・内容と評価の在り方に関する検討会、論点整理.2014.p.3 https://www.mext.go.jp/component/b_menu/shingi/toushin/__icsFiles/afieldfile/2014/07/22/1346335_02.pdf 参照 最終閲覧日 2021.6.27

(17) 文部科学省.用語解説（キー・コンピテンシー） https://www.mext.go.jp/b_menu/shingi/chousa/shotou/031/toushin/attach/1397267.htm. 最終閲覧日 2021.6.27

(18) 文部科学省.育成すべき資質・能力を踏まえた教育目標・内容と評価の在り方に関する検討会、論点整理.2014.p.9 https://www.mext.go.jp/component/b_menu/shingi/toushin/_icsFiles/afieldfile/2014/07/22/1346335_02.pdf 参照 最終閲覧日 2021.6.27

(19) 国立教育政策研究所.報告書 5 社会の変化に対応する資質や能力を育成する教育課程編成の基本原理.2013.p.26

(20) 中央教育審議会.幼稚園、小学校、中学校、高等学校及び特別支援学校の学習指導要領等の改善及び必要な方策等について（答申）.2016.p.28

(21) 中央教育審議会.幼稚園、小学校、中学校、高等学校及び特別支援学校の学習指導要領等の改善及び必要な方策等について（答申）.2016.p.28-31

(22) 中央教育審議会.幼稚園、小学校、中学校、高等学校及び特別支援学校の学習指導要領等の改善及び必要な方策等について（答申）.2016.p.30

(23) 中央教育審議会.「令和の日本型学校教育」の構築を目指して〜全ての子供たちの可能性を引き出す、個別最適な学びと、協働的な学びの実現〜（答申）」2021.p.3.

第2章

教育目標

Ⅰ カリキュラム・マネジメント

　カリキュラム・マネジメントについて田村（2011）は、「**各学校が、学校の教育目標をよりよく達成するために、組織としてカリキュラムを創り、動かし、変えていく、継続的かつ発展的な、課題解決の営みである。**」と定義しています[1]。

　「平成28年答申」では、学校教育の目標と教育課程、カリキュラム・マネジメントの関係については、「教育課程とは、学校教育の目的や目標を達成するために、教育の内容を子供の心身の発達に応じ、授業時数との関連において総合的に組織した学校の教育計画であり、その編成主体は各学校である。各学校には、学習指導要領等を受け止めつつ、子供たちの姿や地域の実情等を踏まえて、各学校が設定する学校教育目標を実現するために、学習指導要領等に基づき教育課程を編成し、それを実施・評価し改善していくことが求められる。これが、いわゆる『カリキュラム・マネジメント』である。」とあります[2]。

図表 2-1　学習の PDCA サイクルイメージ

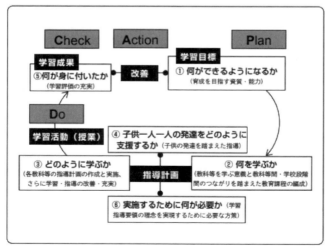

著者作成

また、「平成 28 年答申」では、新しい時代を切り拓いていくために生徒に必要な資質・能力を育むための枠組みについて示しています[3]。
　それを踏まえて学習の PDCA サイクル（**図表 2-1**）について考えると、まず学習者である生徒の視点に立って考えることが基盤になります。
　今までも「生徒のために」という学習者主体の視点はあったと思いますが、多くの場合「生徒のために」教師の視点で考え指導計画を立てるところがやや強かったような気がします。
　学習者（生徒）の視点に立った上で、教科・科目等の学びを通じて「何ができるようになるのか」という観点から、教師は育成を目指す資質・能力を整理し目標を立て、その資質・能力を育成するために学習者は「何を学ぶか」、必要な学習内容や指導内容を検討し、その内容を学習者は「どのように学ぶか」、学習者の具体的な学びの姿を考えながら指導計画を構成します。特に「どのように学ぶか」という視点については、それぞれの個性に応じた学びをどのように引き出していくのか、学習者の発達をどのように支援するのかという視点も重要になります。今回の改定で学習指導要領の理念が変わりましたので、それを実現するためには、教育課程を工夫・改善することを避けて通ることはできません。また、「何ができるようになるのか」からスタートした学習者の学習活動等により学習者に「何が身に付いたか」を学習状況の評価を通じて見取ることや、「実施するために何が必要か」を教育課程の在り方と併せて考えていくことも重要になります。改善の際には振り返りを行い、再設定（リフレーム）することで次の計画につなげていきます。

「平成 28 年答申」では、教育課程の実施にあたって、下の 6 点に沿って改善すべき事項をまとめ、枠組みを考えていく必要があるとしています[4]。

> ① 「何ができるようになるか」（育成を目指す資質・能力）
> ② 「何を学ぶか」（教科等を学ぶ意義と、教科等間・学校段階間のつながりを踏まえた教育課程の編成）
> ③ 「どのように学ぶか」（各教科等の指導計画の作成と実施、学習・指導の改善・充実）
> ④ 「子供一人一人の発達をどのように支援するか」（子供の発達を踏まえた指導）
> ⑤ 「何が身に付いたか」（学習評価の充実）
> ⑥ 「実施するために何が必要か」（学習指導要領等の理念を実現するために必要な方策）

　次に、学校の PDCA サイクル（**図表 2-2**）について考えると、それぞれの学校では、学校の教育目標として育成を目指す学習者全体の資質・能力について「何ができるようになるか」を明確にします。同様に各教科・科目等においても育成を目指す資質・能力を明確にします。

　次にこの教育目標を達成するための教育計画を立てます。教育計画を立てるとは、どのような教育内容、「何を学ぶか」や教育の方法、「どのように学ぶか」について、生徒の心身の発達に配慮し、授業時数を考慮しながら総合的に組織して考えることです。このときに「実施するために何が必要か」「発達をどのように支援するか」を踏まえます。そして、学校全体の教育活動を行ったことにより学習者全体として「何が身に付いたか」（教育成果）を評価し、教育目標から始まったそれぞれの過程を振り返りながら、再設定（リフレーム）することで次の計画につなげていきます。これが、左図の「カリキュラム・マネジメント」の側面の一つとなります。

　実際に教育内容や教育方法を工夫しながら実施したとき、どのようなことが成果につながったのか実施状況を評価し、その年度の改善すべき

図表 2-2 学校の PDCA サイクルイメージ図

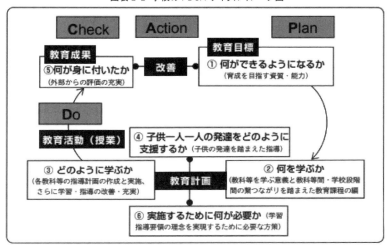

著者作成

ところを整理分析し、言語化することで課題が浮き彫りになります。その課題が次年度の目標になります。

　今までの高等学校の授業において「どのように学ぶか」は、普通科においては大学入試、専門学科においては検定試験に対応するために教師から生徒への一方向的な講義形式の授業形態で行う傾向にありました。改訂された学習指導要領においては「どのように学ぶか」については、主体的・対話的で深い学びの実現に向けて他者と協働して自律的に取り組む学習活動を目指した授業改善を行うことが求められています。それは一部の教師のみが実施すればよいのではなく、それぞれの学校で掲げた育成を目指す資質・能力「何ができるようになるか」を実現する視点に立ったとき、学校全体を挙げて取り組むべきものであることがわかります。

　「平成 28 年答申」では、「こうした『カリキュラム・マネジメント』については、これまで、教育課程の在り方を不断に見直すという以下の②の側面から重視されてきているところであるが、『社会に開かれた教育課

程』の実現を通じて子供たちに必要な資質・能力を育成するという、新しい学習指導要領等の理念を踏まえれば、これからの『カリキュラム・マネジメント』については、下記の三つの側面から捉えることができる」としています[5]。

> ① 各教科の教育内容を相互の関係で捉え、**学校教育目標を踏まえた教科等横断的な視点で、その目標の達成に必要な教育の内容を組織的に配列**していくこと
> ② 教育内容の質の向上に向けて、子供たちの姿や地域の現状等に関する**調査や各種データ等に基づき**、教育課程を編成し、実施し評価して改善を図る一連の**PDCAサイクルを確立**すること
> ③ 教育内容と、**教育活動に必要な人的・物的資源等を、地域等の外部の資源も含めて活用**しながら**効果的に組み合わせる**こと

つまり、①については教科・科目等横断的なカリキュラム・デザイン、②についてはPDCAサイクルを通した教育課程やその下での教育活動の検証・改善、③については学校内外のリソース活用、を指しています。それぞれが各学校で育成を目指す資質・能力を育むことを目的とした組織的・計画的な取組として位置付けられます。

これを受け平成30年版高等学校学習指導要領第1章総則第1款5で以下のように記載されています。

> 5 各学校においては、生徒や学校、地域の実態を適切に把握し、**教育の目的や目標の実現に必要な教育の内容等を教科等横断的な視点で組み立てていくこと**、**教育課程の実施状況を評価してその改善を図っていくこと**、**教育課程の実施に必要な人的又は物的な体制を確保**するとともにその改善を図っていくことなどを通して、教育課程に基づき組織的かつ計画的に各学校の教育活動の質の向上を図っていくこと（以下カリキュラム・マネジメント」という。）に努めるものとする。

Ⅱ スクール・ポリシー

　中央教育審議会「『令和の日本型学校教育』の構築を目指して〜全ての子供たちの可能性を引き出す、個別最適な学びと、協働的な学びの実現〜（答申）」において、

> 能力を明確化・具体化するとともに、学校全体の教育活動の組織的・計画的な改善に結実させることが不可欠である。その際、高等学校教育の入口から出口までの教育活動を一貫した体系的なものに再構成するとともに、教育活動の継続性を担保するため、**育成を目指す資質・能力に関する方針、教育課程の編成及び実施に関する方針、入学者の受入れに関する方針**（これら三つの方針を総称して「**スクール・ポリシー**」と称する）を**各高等学校において策定・公表**し、特色・魅力ある教育の実現に向けた**整合性のある指針**とする必要がある。

とはじめて三つの方針について記載されました[6]。

　スクール・ポリシーと同じようなものが、**大学における「三つのポリシー」**といわれている**卒業の認定に関する方針（ディプロマ・ポリシー）、教育課程の編成及び実施に関する方針（カリキュラム・ポリシー）、入学者の受入れに関する方針（アドミッション・ポリシー）**です。各大学では、2016（平成28）年に学校教育法施行規則が改正されたために、この「三つのポリシー」を策定・公表することが義務付けられました。ディプロマ・ポリシーは、各大学がその教育理念を踏まえ、どのような力を身に付ければ学位を授与するのかを定める基本的な方針であり、学生の学修成果の目標ともなるものです。カリキュラム・ポリシーは、ディプロマ・ポリシーの達成のために、どのような教育課程を編成し、どのような教育内容・方法を実施するのかを定める基本的な方針です。アドミッション・ポリシーは、各大学が、当該大学・学部等の教育理念、ディプロマ・ポリシー、カリキュラム・ポリシーに基づく教育内容等を踏まえ、入学者を受け入れるための基本的な方針であり、受け入れる学生に求める学習成果（学

力の三要素）を示すものです[7]。

スクール・ポリシーの内容については下の表の通りです[8]。

> - **卒業の認定に関する方針（グラデュエーション・ポリシー）**は、各学校のスクール・ミッション等に基づき、どのような力を身に付けた者に課程の修了を認定するのかを定める基本的な方針であり、各学校が育成を目指す資質・能力を反映させるもの
> - **教育課程の編成及び実施に関する方針（カリキュラム・ポリシー）**は、グラデュエーション・ポリシー達成のために、どのような教育課程を編成し、どのような教育内容・方法を実施し、学習成果をどのように評価するのかを定める基本的な方針となるもの
> - **入学者の受入れに関する方針（アドミッション・ポリシー）**は、各学校のスクール・ミッションやグラデュエーション・ポリシーやカリキュラム・ポリシーに基づく教育内容を踏まえ、どのような生徒を受け入れるのかを示す基本的な方針となるもの

　高等学校でも大学でも、各学校は育成を目指す資質・能力を具体的に示すとともに、卒業までにその力が生徒学生に身に付くように教育課程を編成します。生徒学生は、高等学校や大学が定めた資質・能力を身に付けることで卒業の認定につながることとなります。

Ⅲ 各学校の教育目標と教育課程の編成

Ⅲ-1 各学校の教育目標の設定

　各学校の教育目標を設定する際に、平成30年版高等学校学習指導要領解説総則編では、以下のことを踏まえることを求めています[9]。

> ① **法律及び学習指導要領に定められた目的や目標を前提とするもの**であること
> ② **教育委員会の規則、方針等に従っていること**
> ③ **学校として育成を目指す資質・能力**が明確であること
> ④ **学校や地域の実態等に即したもの**であること
> ⑤ **教育的価値が高く、継続的な実践が可能**なものであること
> ⑥ **評価が可能な具体性を有すること**

　各学校の教育目標については、育成を目指す資質・能力を明確にすることが重要であり、以前学校で多く見られた**抽象的な文言の羅列**では評価することは難しいと思われます。教育目標を教育計画や教育活動によりどの程度それが達成できたかについて、具体的に評価できるものにする必要があります。

　従来の学校の教育目標は、一般に美辞麗句とまでは言いませんが、巧みに美しく飾った言葉を並べていますが、抽象的であり、考えれば考えるほど何を求めているのかわからなくなるようなものが多い傾向にありました。個人や組織が目標を達成するためには、目標が具体的であり、達成に向けてすべきことが、教師のみならず学習主体者である生徒に分かる必要があります。

　近年は教育委員会の指示により多くの公立高等学校では、育成を目指す資質・能力を明確にしながら教育目標を新たにつくり、それを総合的な探究の時間の学校の目標にリンクさせているところが多くなりました。

> 1　各学校の教育目標と教育課程の編成
>
> 　教育課程の編成に当たっては、学校教育全体や各教科・科目等における指導を通して**育成を目指す資質・能力を踏まえつつ、各学校の教育目標を明確にする**とともに、教育課程の編成についての基本的な方針が家庭や地域とも共有されるよう努めるものとする。その際、**第4章の第2の1に基づき定められる目標との関連を図る**ものとする。
>
> 　　　　　　　　　　　平成30年版高等学校学習指導要領第1章総則第2款1

　教育目標を新たにつくり、それを総合的な探究の時間の学校の目標にリンクさせている学校の例としては、学校法人明照学園樹徳高等学校（群馬・以下「樹徳高等学校」）があります。

　この高等学校では、副校長と各教科の先生から構成されるワーキンググループをつくり、学習指導要領等について研修しながら、学校の理念、生徒の実態、教師の求める生徒像などを、KJ法やブレーンストーミング（やり方については第3章で紹介）などの手法を使いながら、学校として育成を目指す資質・能力をどのようなものにするかの原案をつくるとともに、それぞれの資質・能力の定義づけを行いました。その後、すべての常勤の教職員に対して学校として育成を目指す資質・能力はどのような力がよいのかアンケート調査を行いました。そして最終的に校長の判断により、樹徳高等学校の育成を目指す資質・能力が具体的に決まり、明確化された教育目標と、それにリンクした総合的な探究の時間の目標ができあがりました。

　このように既存の学校の教育目標を再度チェックし、その教育目標にリンクするように各学校が定める総合的な探究の時間の目標を設定する作業は、どの学校においても必要なことになります。

> 第2　各学校において定める目標及び内容
> 　1　目標
> 　　　各学校においては、第1の目標を踏まえ、各学校の総合的な探求の時間の目標を定める。

> 3　各学校において定める目標及び内容の取扱い
> 　各学校において定める目標及び内容の設定に当たっては、次の事項に配慮するものとする。
> **（1）各学校において定める目標については、各学校における教育目標を踏まえ、総合的な探求の時間を通して育成を目指す資質・能力を示すこと。**
>
> 平成30年版高等学校学習指導要領第4章第2の1、3の（1）

Ⅲ-2　学校の教育目標や総合的な探究の時間の目標の質をチェック

　教育目標や各学校が定める総合的な探究の時間の目標がある程度決まってきたら、以下のようなフレームワークを使いながら目標が効果的に作成できているかをチェックし、その質を高めていくとよいでしょう[10]。

　設定した目標をチェックし、その質を高めるためのフレームワークに第6章で説明するSMARTがあります。**設定した目標が「具体的か」「測定可能か」「達成可能か」「成果に基づいているか」「期限はあるか」、5つの視点からチェック**しながらそれぞれの目標の質を高めていきます。

　目標を設定するときに、重要なのは目標の難易度です。目標が低すぎると、組織の能力を持て余すこととなります。逆に高すぎると、途中での息切れにもつながり、どうせ頑張っても無理だろうという雰囲気が生まれてしまいます。目標は、調査データや現状分析をもとにしながらちょっと頑張ればできる内容であり、かつ適切な難易度で設定したいものです。

　なお、現在の教育目標や総合的な探究の時間の目標が設定されているならば、PDSAサイクルで回したときに、うまく機能するのかをSMARTの視点でチェックすることも必要でしょう。

目標を SMART の視点でチェック

> ① **目標を具体的に考える　Specific**
> 現在設定している目標の内容が具体的かどうかを考える。目標を表現する文章は、誰が見ても分かる内容になっているかをチェックする
>
> ② **測定できるかを考える　Measurable**
> 目標の達成度や進捗状況を、定量的に計測できる状態にあるかをチェックする。定量的に計測できることで、共有・改善が可能
>
> ③ **達成可能か考える　Achievable**
> 目標が実現可能かどうかをチェックする。目標レベルは、高すぎず低すぎず、少し背伸びしたくらいの設定にすることが重要
>
> ④ **成果に基づいているか考える　Result-based**
> さらに上位の目標に紐づいているかをチェックする。組織全体の上位目標に貢献できるのかについて考える
>
> ⑤ **期限を考える　Time-bound**
> いつまでに目標を達成するかを考える。目標には締め切りや期限が必要

出典：引用・参考文献(10)を基に著者作成

Ⅲ - 3 教育課程の編成

　「平成 28 年答申」において、教育課程は、「学校教育の目的や目標を達成するために、教育の内容を子供の心身の発達に応じ、授業時数との関連において総合的に組織した学校の教育計画である」とあります。つまり、教育課程とは授業だけではなくて学校全体の総合的に組織した教育計画であるということになります。「平成 28 年答申」ではそのことに加えて、「学校教育を通じて育てたい姿に照らしながら、必要となる資質・能力を、一人一人の子供にいわば全人的に育んでいくための枠組みであり、特定の教科等や課題のみに焦点化した学習プログラムを提供するものではない。」とあります。前述したように、高等学校学習指導要領の総則において、

教育課程は学校の教育活動全体を視野に入れながら、家庭や地域とも共有されるよう努めながら、生徒に必要な資質・能力を育てていく考え方に基づいて編成することを各学校に求めているわけです[11]。

　教育課程を編成する際、これからの時代に求められる資質・能力を育むときの課題としては、今までのような教科・科目の学習だけでなく、いかに教科・科目を横断する視点をもった学習を推進するか、いかに教科・科目を横断する学習を成り立たせるかがあります。そのためは、それぞれの教科・科目の学習の充実させることはもちろんですが、教科等間のつながりを捉えた学習を進める観点から、教科等間の内容事項について、相互の関連付けや横断を図る手立てや体制を整える必要があります。

　学校は、まずは教育目標において育成を目指す資質・能力を明確にすることです。そして、資質・能力を育成できるような計画を立て、それを教育課程で明確に示す必要があります。そして教師は常に資質・能力を育成することを意識しながら、学校の教育活動全体や教科・科目の授業において、自身の指導の在り方や生徒の学習の在り方に対して、工夫・改善を行うことが重要になってきます。

　なお、平成29・30年版学習指導要領の理念でもある「社会に開かれた教育課程」という視点から考えると、教育課程の編成を考えるときには、生徒、教職員はもちろんですが、家庭や地域と共有することが大切です。そして、家庭や地域と共有することで必要に応じて外部から連携や支援をしてもらうことが可能になります。その結果、学校を中心とした家庭や地域を巻き込んだ体制をつくることができるようになります。

　特に学校の教育目標である資質・能力を育むことを考えるときには、家庭や地域と連携しながら、教科横断的な視点を持つ学習である総合的な探究（学習）の時間を活用することが有効になります。なぜなら、前述したように、各学校が定める総合的な探究の時間の目標は、学校の教育目標としている資質・能力を明確に示しており、かつそれを育成することが求められているからです。

ちなみに、平成30年版高等学校学習指導要領第4章第2の3の(1)の記述にある「**各学校における教育目標を踏まえ**」とは、各学校において**定める総合的な探究の時間の目標が、この時間の円滑で効果的な実施のみならず、各学校において編成する教育課程全体の円滑で効果的な実施に資するものとなるよう配慮すること**を示しています[12][13]。

【引用・参考文献】
(1) 田村知子．実践カリキュラムマネジメント．ぎょうせい．2011.p.2
(2) 中央教育審議会．幼稚園、小学校、中学校、高等学校及び特別支援学校の学習指導要領等の改善及び必要な方策等について（答申）.2016.p.23
(3) 中央教育審議会．幼稚園、小学校、中学校、高等学校及び特別支援学校の学習指導要領等の改善及び必要な方策等について（答申）.2016.p.20-21
(4) 中央教育審議会．幼稚園、小学校、中学校、高等学校及び特別支援学校の学習指導要領等の改善及び必要な方策等について（答申）.2016.p.21
(5) 中央教育審議会．幼稚園、小学校、中学校、高等学校及び特別支援学校の学習指導要領等の改善及び必要な方策等について（答申）.2016.p.23-24
(6) 中央教育審議会．令和の日本型学校教育」の構築を目指して〜全ての子供たちの可能性を引き出す、個別最適な学びと、協働的な学びの実現〜（答申）.2021.p.51-52
(7) 中央教育審議会大学分科会大学教育部会．卒業認定・学位授与の方針（ディプロマ・ポリシー），教育課程編成・実施の方針（カリキュラム・ポリシー）及び入学者受入れの方針（アドミッション・ポリシー）の策定及び運用に関するガイドライン.2016
(8) 中央教育審議会初等中等教育分科会．新しい時代の高等学校教育の在り方ワーキンググループ（審議まとめ）〜多様な生徒が社会とつながり、学ぶ意欲が育まれる魅力ある高等学校教育の実現に向けて〜.2020
(9) 文部科学省．高等学校学習指導要領（平成30年）解説総則編．東洋館出版.2019.p.51-52
(10) 株式会社アンド．ビジネスフレームワーク図鑑．翔泳社.2018. p.136-137
(11) 中央教育審議会．幼稚園、小学校、中学校、高等学校及び特別支援学校の学習指導要領等の改善及び必要な方策等について（答申）.2016.p.23,p.27

(12) 文部科学省.高等学校学習指導要領第1章総則第2款1.2018
(13) 文部科学省.高等学校学習指導要領第4章総合的な探究の時間第2の1、3（1）.2018

第3章

他者との協働

(グループで行う活動)

平成30年版高等学校学習指導要領第4章総合的な探究の時間の第3の2の（4）において以下のように記述されています。

> 探究の過程においては、**他者と協働して課題を解決しようとする学習活動**や、言語により分析し、**まとめたり表現したりするなどの学習活動が行われるようにする**こと。その際、例えば、比較する。分類する、関連付けるなどの考えるための技法が自在に活用されるようにすること。

I　他者と協働するとは⁽¹⁾

　探究学習では、異なる多様な他者と協働して主体的に課題を解決しようとする学習活動を重視する必要があります。それは、**多様な考え方をもつ他者と適切に関わり合ったり、社会に積極的に参画したり貢献したりする資質・能力の育成につながる**からです。また、協働的に学ぶことにより、探究活動として、生徒の学習の質を高めることにもつながるからです。探究活動において、協働的に学ぶことの意義として以下の3つを考えることができます。

① 　**多様な情報の収集に触れる**ことです。同じ課題を追究する学習活動を行っていても、**収集する情報は協働的な学習の方が多様であり、その量も多い**です。情報の多様さと多さは、その後の整理や分析を質的に高めるために必要です。

② 　**異なる視点から検討**ができます。整理・分析の際には、異なる視点や異なる考え方があることの方が、深まりが出てきます。**一面的な考え方や同じ思考の傾向の中では、情報の整理や分析も画一的になる傾向が**あります。

③ 　地域の人と交流したり仲間と一緒に学習したりすることが、**相手意識を生み出したり、学習活動のパートナーとしての仲間意識を生み出し**

たりします。共に学ぶことが個人の学習の質を高め、同時に**集団の学習の質も高めていく**はずです。

具体的には、以下のような場面が考えられます。

▶ **多様な情報を活用して協働的に学ぶ**

体験活動では、それぞれの学習者が様々な体験を行い多様な情報を手に入れることができます。それらを出し合い、**情報交換しながら全体で考えたり話し合ったりして、課題を明確にする**ことができます。

▶ **異なる視点から考え協働的に学ぶ**

物事の決断や判断を迫られるような話合いや意見交換、議論を行うことは、収集した情報を比較したり、分類したり、関連付けたりして考えることにつながります。そのような場面では、**異なる視点からの意見交換、議論が行われることで、互いの考えは深まる**はずです。異なる興味・関心や経験がある学習者同士が学ぶことにより異なる視点からの考えを出し合いやすくなります。またそうした学習を通して、**互いのよさや可能性を尊重し合う態度の育成**にもつながっていくはずです。

▶ **力を合わせたり交流したりして協働的に学ぶ**

一人でできないことも集団で実現できることは多いはずです。学習者同士で解決できないことも地域の人や専門家などとの交流を通じて学んだことを手掛かりにして解決することもあります。また、地域の人や専門家などとの交流は、学習者の社会参画の意識を目覚めさせます。

探究活動に協働的に取り組むことを通して、学習者は協働的な学習のよさや意義を学ぶことができます。協働的に学ぶことは総合的な探究の時間だけでなく、学校教育全体で進めていくものですが、**あらかじめ一つの決まった答えのない課題の解決や探究活動だからこそ協働的な学習のよさが見えやすい**という面があります。

第3章 他者との協働

Ⅱ　グループ活動

　グループ活動とはグループに分かれて討論や制作などを行う学習方法のことです。

Ⅱ-1　グループワークの種類

　グループワークは大きく分けると「プレゼン型」と「作業型」があります。

プレゼン型

　プレゼン型のグループワークでは、テーマについてグループで話合い活動を行い、最終的に結論をまとめて発表することもあります。

　自分の意見を伝えつつ、他者の意見にもしっかりと耳を傾け、さらに限られた時間の中で発表できるようにまとめなければいけないところがポイントです。いわゆるグループディスカッションは、このプレゼン型のグループワークに当てはまります。

作業型

　作業型のグループワークは、与えられた目標の達成を目指し、グループのメンバーと協力して作業を行うという形式です。

　ポスターを作る、画用紙を使って決められた時間内にできるだけ高いペーパータワーを作るなど、作業の内容はさまざまですが、どの場合でも目的を達成するためにはメンバー同士の協力が必要です。そのため、プレゼン型のグループワークよりもさらにメンバーの協働性が重要となります。

Ⅱ-2　グループ内の役割を決める

　話合い活動や協働での作業などを数人ずつのグループでの活動を行うときには、まずはグループ内で構成されるメンバーの役割を決めることが大切です。個々のメンバーの役割を決めることで、グループでの課題に対して、それぞれが主体的にかかわることができるようになります。

図表 3-1 グループ内の役割分担

名　称	ミッション
アクティビティリーダー	アクティビティの進行役
タイムキーパー	アクティビティが時間内に終わるように、グループ全体に時間の情報を提供し、もし話が長い人がいたときには時間を意識して手短に話すようタイミングよく介入する
レポーター	グループで話し合われていることなどを記録する代表者としての役目を担う。ただし、レポーターだけに記録を任せるのではなく、全員で協力して話し合われた内容の記録をとっていきましょう
コミュニティキーパー	グループがより機能するように気を配ります。もし、意見を言えていない人がいたときには「○○さんは、どう思いますか？」などと話を振ってみる。話し好きな人がいたときには、タイムキーパーと協力して上手に話を終了させる。人数不足の場合はアクティビティリーダーが兼務する

出典：日本スポーツ協会公認スポーツ指導者養成講習会共通科目Ⅲ WorkBook p.6 を基に著者作成

Ⅱ-3　話合い活動

話合い活動は大きく分けると議論（ディスカッション）、対話（ダイアログ）、会話（チャット）があります[2]。

図表 3-2 話合い活動

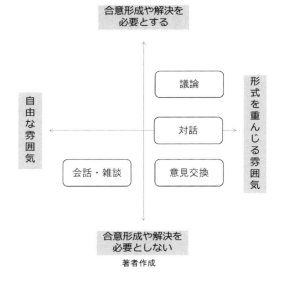

著者作成

議論（ディスカッション）は、合意形成、あるいは結論を出すための話合いのことです。対話との違いは、その目的として「共有」だけでなく、「決定」が不可欠な点です。ただし、相手を論破することが目的ではありません。

対話（ダイアログ）は、探究・発見のための話合いです。あらかじめ誰かから論点が提示され、それについて自分の持っている情報や考えを話します。相手の考えについての「批判／否定」は行いません。

会話（チャット）は、交流・共有のための話合いのことです。何を話すかは事前に決まっていません（おしゃべり・雑談も含まれます）。

議論では、みんなが折り合いを付けながら合意形成をするので、たとえ自分の意に添わない内容であっても合意形成を図って決めたことについては協力して実践することが大事です。よって、行動変革につながります。

図表 3-3　話合い活動の種類と特徴

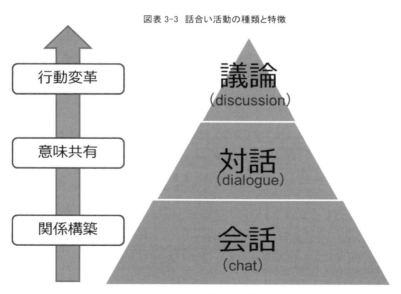

出典：引用・参考文献（2）を基に著者作成

Ⅱ-4 グループワークの具体例

(1) ブレインストーミング[3]

　ブレインストーミング（Brainstorming）は、ブレスト、BS法など様々な形で呼ばれ、グループで発想や視点を発見していくために最適な技法です。固定観念をかきまぜたり、複数の人の視点や知識をつなぎ合わせたりすることで、一人では思いつかないようなアイデアや視点を発見することができます。

　また、ブレインストーミングは、創造性を促進し多くのアイデアをすばやく生みだすとともに、特定の問題を解決したり、ある問いに答えたりするのにも使えます。

▶　ブレインストーミングのやり方

---

① 問題を決め、それについて様々な答えが出せるような問いを作る

② 全員が見えるところに問いを書く

③ 自分たちの考えを自由に発言し、誰もが見えるところ（模造紙など）に一語もしくは短文で書き出していく

④ 誰からもアイデアが出なくなったら、ブレインストーミングを終わる

⑤ コメントを求めながら、提案されたことがらを一つずつ検討していく

▶ ブレインストーミングの4原則と留意点

　「自由な発言」「他人の批判をしない」「質より量を出す」「便乗や連想、結合を大事にする」という4原則があり、これに基づき、問題について自由にアイデアを出し合います。

- **・自由な発言**
　　自由奔放な発言を歓迎し、突飛な意見もOK
- **・他人の批判をしない**
　　批判厳禁。どんな意見でも批判は絶対だめ
- **・質より量**
　　量を重視。質より量。アイデアの数で勝負
- **・便乗や連想、関連付けを大事にする**
　　出てきたアイデアを関連付けたり、結合したりして改善し、更に発展

留意しなければならないことは以下のとおりです。

- ・新しい提案はどれも残さず書き留める
- ・意見の提案が終わるまでは、他人の書いたものについて誰も意見を述べてはいけない。また、すでに出された意見をくり返してはいけない
- ・誰もが意見を出すように激励する
- ・学習集団を励ます必要がある場合のみ、教師は意見を出すことができる
- ・出された提案の意味がよくわからない場合は説明を求める

(2) KJ法[4]

▶ **KJ法の流れとやり方**

　KJ法は次の図のような流れで行います。

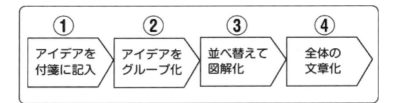

① **アイデアを付箋に記入**
・1枚の付箋に1つのメッセージを書く
・思いついたままの形で記載する

② **アイデアをグループ化**
・すべての付箋に目を通す⇒近い内容の付箋をまとめる⇒表札を作る
・どのグループにも属さない付箋はそのまま
・小グループから大グループの順で整理する
・付箋の枚数が多い場合は中グループを作る
・グループ化したらチェックする

③ **並び替えて図解化**
・空間配置を考えるときに思考ツールを使いながら考えると比較的わかりやすくなる
・思考ツール（ツリー型、フロー型、サテライト型、サイクル型）で考えてみる

④ **全体の文章化**
・図解して終わりでなく、並び替えたことででき上がった配置から全体の関係性を文章化する
・一度にすべてを文章化するのは難しいので関係のあるものをひとつなぎにしていき、文章を断片的に作成する

▶ KJ法を使うことで得られること
① 「思いつき」の可視化
　誰でもアイデアは思いつくものですが、頭の中に浮かんだ思いつきや発想を可視化することができます。言葉を書き表し、見えるようにすることで、思いつきのアイデアを残すことができます
② **課題を明確にできる**
　実際には何が問題かをきちんと捉えていないということは少なくありません。KJ法の活用により、目の前の問題の本質を捉えられたり、課題を明確にしたりすることができます
③ **課題に対して様々な見解を得られる**
　個人だけの意見では比較的思考が偏ってしまいがちですが、さまざまな角度からいろいろな見解を得ることができます。できるだけ多くの意見を集めるために、ブレインストーミングを複数人で行う方が効果的なのと同じで、KJ法もグループで用いることで、多種多様な見解を得られます
④ **少数意見も考慮に入れることができる**
　話合いは多数決の原理に基づいて進められやすいですが、KJ法では少数意見も無視されずに考慮に入れられる点が強みです。少数意見が採用されるかは別問題ですが、考慮することにより、一方に偏っていない幅のあるアイデアを組み立てることができます

(3) 他のグループ活動を行うときの手法
ウォール・ライティング[5]
　ウォール・ライティングは、ブレインストーミングの一種です。学習者は、**自分たちの意見を小さな紙片（付箋）に書いて壁に貼ります。**
　この方法の利点は、他の人たちの意見の影響を受けずに、学習者が自分で静かに考えることができること、さらに貼り付けた紙（付箋）は、意見を分類しやすくするように自由にあちこちに貼り替えることができ

ることです。

ブレインライティング[6]

　ブレインライティングは回覧板のようにシートを次の人に回していき、前の人のアイデアを借りながら（参考にしながら）自分のアイデアを書き足しながら思考を広げていく手法です。**思考を強制的に広げることで「量」を確保できるほか、発言することが苦手なメンバーでも気軽に参加できるメリットがあります。**コロナ禍では、しゃべらないでアイデアを抽出するブレインライティングは有効でした。

▶　ブレインライティングのやり方

> ① テーマを設定する
>
> **一人一枚シートを用意したら、アイデア発想を行うテーマを設定。**例えば、「新しいテーマパーク」がテーマのとき、より具体的なアイデアを出したい場合は、「テーマパークの夏休みの集客を増やす方法」など設定するテーマを絞り込むよう工夫する
>
> ② 一番上の行にテーマから思い浮かぶことを書く
>
> **各自がシートの1行目にテーマから思い浮かぶアイデアを記入。そのとき、1行あたり3～5分の制限時間**を設定。1行目を書く時間が終了したらシートを隣の人に回す。ブレインライティングを行う時、次の人に渡しやすくするためには四角形に並ぶと効率よく回せる
>
> ③ 次の行に前に書かれた内容から思い浮かぶことを書く
>
> **回ってきたシートに書かれている内容をヒントに、次の行にアイデアを記入。**前の人のアイデアに相乗りしても、新たに思い浮かんだものを記入しても構わない。
>
> 以降、**1行書いてはシートを回す作業をシートが埋まるまで繰り返す**

［ブレインライティング］のフレーム

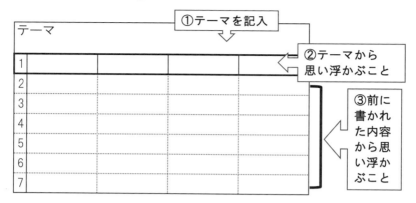

【引用・参考文献】
(1) 文部科学省.今、求められる力を高める総合的な探究の時間の展開.2023.p.24-27
(2) 堀公俊.アイデア発想フレームワーク.日本経済新聞社.2014.p.55
(3) 堀公俊.アイデア発想フレームワーク.日本経済新聞社.2014.p.34-35
(4) ボクシル編集部.KJ法とは？ブレーンストーミングとの関係とメリットを解説. https://boxil.jp/mag/a3325/ 最終閲覧 2024.4.30
(5) 文部科学省.グループ活動を効果的に進めるテクニック https://www.mext.go.jp/b_menu/shingi/chousa/shotou/024/report/attach/1370772.htm 最終閲覧 2024.4.30
(6) 株式会社アンド.ビジネスフレームワーク図鑑.翔泳社.2018.p.78-79

第4章

探究
(含む PBL、
改訂版タキソノミー、
自己調整学習)

1 探究とは ⁽¹⁾

そもそもなぜ探究をするのですか？

生きて働く学力の育成のためかな。生きて働く学力とは**実社会のリアルな問題を解決するとき必要な能力**のことだよ。別の言い方すると社会に出たときに必要な**汎用的な能力**を身に付けるためかな。汎用的な能力は、**資質・能力**、あるいは**コンピテンシー**といったりもするよ

図表 4-1 探究の過程

```
①課題設定
日常生活や社会に目を向けたときに湧き上がってくる
疑問や関心に基づいて、自ら課題を見つける過程

②情報収集
そこにある具体的な課題について、情報を収集する過程

③整理・分析
その情報を整理・分析したり、知識や技能に結び付け
たり、考えを出し合ったりしながら課題解決に取り組
む過程

④まとめ・表現
明らかになった考えや意見などをまとめ・表現し、そ
こからまた新たな課題を見つけ、さらなる課題解決を
始めるといった過程
```

著者作成

　総合的な探究の時間では、**問題解決的な学習が発展的に繰り返されることで、よりよく課題を発見し解決していくための資質・能力を身に付ける学習のことを「探究」**と呼んでいます。なぜ今、探究なのか。探究では試行錯誤しながら新しい未知の課題を発見し、それに主体的・協働的に対応しながら課題を解決していくことが求められます。探究は今の時代に欠かすことのできない資質・能力を身に付けることができる学習

活動です。探究において問題解決的な学習を行う時の学習過程を探究の過程といいます。

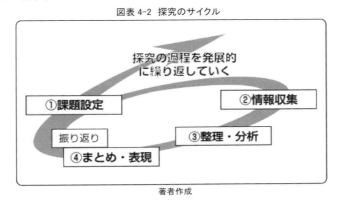

図表 4-2 探究のサイクル

著者作成

　探究の過程は**図表 4-1**、**図表 4-2** のように示すことができ、①、②、③、④の過程を発展的に繰り返していくことが探究になります。探究の過程はいつも①、②、③、④の過程を順番に行わなければならないと固定的に捉える必要はありません。つまり、①、②、③、④の過程が順番通りに繰り返されるわけではなく、過程の順番が前後することもあります。また、一つの活動の中に複数の過程が一体化して同時に行われる場合も当然起こります。例えば、②⇒③⇒①⇒②⇒③⇒④になる流れもありますし、①⇒②⇒③⇒①⇒②⇒③⇒④になることも考えられます。

　①⇒②⇒③⇒④という流れは、学習指導要領が示した代表的な一つの流れです。この過程を発展的に繰り返すこともあれば、①の課題設定に行く前の段階で、必要に応じて、探究の過程を行ったり来たり、**試行錯誤**を繰り返すこともあります。大切なのは、第1は探究の過程を意識しながら粘り強く探究活動を行うことです。第2はまとめ・表現の後に振り返りを行うことで次の探究の過程につなげることです。そのことにより、探究の過程を高度化することができます。このような過程を経ることで資質・能力、特に「思考力・判断力、表現力等」を身に付けることができます。

Ⅱ PBL（プロジェクト型学習と問題解決型学習）

　PBL は、Project Based Learning と Problem Based Leaning の二つがあります。

　Project Based Learning は「プロジェクト型学習」とも呼ばれています。高等学校で行っている総合的な探究の時間の学習方略の一つでもあります。プロジェクト型学習の流れとしては、「問いを見いだす」「課題を設定する」「仮説を立てる」「先行研究を調べる」「問題解決に必要な知識や情報を調べる」「集めた情報を整理・分析する」「結果を踏まえて考察を行う」「発表を行ったりレポートを書いたりする」となります。特に問いを見いだし課題を設定することや仮説を立てることについては、学習者自身が行うことが大切です。高等学校における実際の場面では、教師が課題の設定や仮説を立てるまでの流れを主導してしまいがちですが、本来は学習者がじっくり時間をかけながら自律的に進められるように教師が適切にサポートしていくことが必要になります。

　溝上（2016）は「**プロジェクト学習とは、実世界に関する解決すべき複雑な問題や問い、仮説を、プロジェクトとして解決・検証していく学習**のことである。学生の自己主導型の学習デザイン、教師のファシリテーションのもと、問題や問い、仮説などの立て方、問題解決に関する思考力や協働学習等の能力や態度を身につける」と定義しています[2]。

　総合的な探究の時間では、教師が、一方向的な講義形式で知識を伝え、その知識を反復練習するだけのドリル型の学習ではなく、学習者が、自ら問題を発見し解決する能力を養うことを目的としたプロジェクト型の学習を目指しています。教師は、学習者自身の自発性、関心、能動性を引き出すことが役割であり、ファシリテーター・助言者として学習者のサポートをする立場で学習を進めていくことが必要です。

　一方、Problem Based Leaning は、「問題解決型学習」と呼ばれ、問題の解決を通して学習をすすめることです。溝上（2016）は「**問題解決学**

習とは、実世界で直面する問題やシナリオの解決を通して、基礎と実世界とを繋ぐ知識の習得、問題解決に関する能力や態度等を身につける学習のこと」と述べています[3]。問題解決学習では、教師による問題の提示から学習が始まり、解決する過程で学習を重ね、知識を活用して問題を解決していきます。小中学校における総合的な学習の時間の学習方略の一つでもあります。

また溝上（2023）は、問題解決について、認知科学の視点から下のように述べています[4]。

> 問題解決とは、ある目標を達成する思考活動である。認知科学では、問題の状態と期待される解決の状態との間にズレがあり、その2つの状態が一致することを目指した思考を問題解決と呼んでいる　そして2つの状態のズレを減らしていくために状態を変化させるものを「オペレータ」と呼んでいる。オペレータという用語が入ってくると難しく感じるかもしれないが、要は解き方のようなものである。2つの状態のズレを減らし目標へと向かう経路を導くための方法、すなわちオペレータがどの程度思い浮かべられ、適応していけるかが問題解決のすべてである

PBLの学習過程においては、反省的思考（reflective thinking）を働かせながら行うことにより、すでにあった知識・情報・経験などと結びつくことで、新しい知識や能力、態度が習得されるといわれています。

米国のジョン・デューイ（1910）の『How We Think』においても、PBLについては、知識を注入するだけの教授法、系統学習に対して、学習者の生活や要求に応じ、日常的な生活実態を足場にしながら、問題解決を行わせることであり、学習者の諸能力を高めることができる方法とされています。PBLでは、問題場面に遭遇したとき、正しい答えにたどり着くこと以上に、その**問題解決のための思考に対応する学習の過程が重要**であるといわれています。

Ⅲ　改訂版ブルーム・タキソノミー[5][6]

　タキソノミーとは「教育目標の分類学」のことです。タキソノミーは本来「分類学」を意味していますが、教育学で用いるときには**授業で達成すべき「教育目標（行動的局面）」**を明確にし、その機能的価値を高めるための道具として開発された指標のことを指しています。教育目標といっても学校全体の目標を指しているのではなく、「**教材や授業活動を設計する指針**」であり「教育実践の成果を評価する規準」といわれます。

　改訂版ブルーム・タキソノミー（以下「改訂版」）は、米国のアンダーソンらが、ブルームらが開発したタキソノミー（以下「初版」）の認知的領域を「知識次元」と「認知過程次元」に分け再構成したものです。また改訂版は、初等中等教育段階の現場の教師が評価や指導方法に活用をするために作られたものであり、新たに認知心理学の成果も導入されています。

　初版では認知領域は 、「知識（knowledge）」、「理解（comprehension）」、「応用（application ）」、「分析（analysis ）」、「総合（synthesis）」、「評価（evaluation ）」の６つの主要カテゴリーで構成されています。これらのカテゴリーは「単純なものから複雑なもの」の順序で配列にされ、**低次のカテゴリーは、より高次のカテゴリーにとっての必要条件（ただし十分条件ではない）**となっています。例えば、初版であれば、**低次のカテゴリーである「知識」の習得は「理解」の前提であり、「理解」は「応用」の前提**となります。

　改訂版では、初版の「知識」カテゴリーで混在していた名詞的局面と動詞的局面を分離しました。つまり、「知識」の名詞的局面を「知識次元」として独立させ、「事実的知識」「概念的知識」「手続き的知識」「メタ認知的知識」のカテゴリーとし教育目標の内容的局面を担うようにしています。「知識」の動詞的局面は、新たに認知過程である「記憶する」としました。さらに、初版における「理解」より高次のカテゴリーについても、

学習態度に結びつきやすく使いやすくするために、「理解する」と動詞化して同様に「認知過程次元」としました。これにより初版の行動的局面が継承されました。改訂版では**「知識次元」**では知識のカテゴリーを、**「認知過程次元」では、その知識をどのように認知させようとしているかでカテゴリーを構成**しています。このように改訂版では初版の認知領域のカテゴリーについて2次元で再構成しています。

図表4-3は、初版から改訂版への構造上の変化を示しています。どちらの場合にも、低次のカテゴリーと高次のカテゴリーの関係は同じであり、例えば、改訂版でいうなら「理解する」には低次カテゴリーである「記憶する」ことが前提です。同様に、「応用する」ためには「理解する」ことが前提になります。低次カテゴリーにある「記憶する」から「理解する」、

図表4-3 初版から改訂版への構造上の変化

低次のカテゴリー ↓ 高次のカテゴリー	Bloom's Taxonomy		改定Bloom's Taxonomy 認知過程次元
	知識 Knowledge	名詞的局面 → 動詞的局面 →	知識次元 記憶する Remember
	理解 Understanding	→	理解する Understand
	応用 Application	→	応用する Apply
	分析 Analysis	→	分析する Analyze
	総合 Synthesis	↘↗	評価する Evaluate
	評価 Evaluation	↗↘	創造する Create

出典：引用・参考文献（5）を基に著者作成

「応用する」、「分析する」、「評価する」、「創造する」へと高次のカテゴリーへと順に学んでいくことにより、学んだことが定着しやすく、実生活や実社会に活かしやすくなるといわれています。なお、初版では「総合」、「評価」の順でしたが、改訂版では「評価する」、「創造する」の順に代わっています。

　知識次元を明確にすることで、知識を獲得するための認知過程次元も明確にすることができます。**図表 4-4** は、知識次元の４つのカテゴリーと知識を獲得するための認知過程次元の６つのカテゴリーを２次元マトリクスで示しています。機械的に考えると改訂版は合計 24 の目標の類型を示すことが可能です。

図表 4-4　タキソノミーテーブル

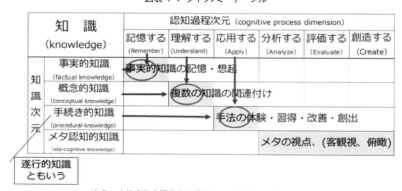

出典：中教審教育課程企画特別深い配布資料を基に著者作成

　しかし、実際には、特定の知識のタイプは、特定の認知過程と結びつきやすい性質を持っており、改訂版では、「事実的知識」は「記憶する」と、「概念的知識」は「理解する」と、そして「手続的知識」は「応用する」と結びつきやすいことが指摘されています。**知識次元を明確にすることは認知過程次元を明確にすること**につながり、これによって目標の分類をよりスムーズに進めることが可能となりました。

　低次のカテゴリーについては、前述したとおり、知識次元と認知過程

メタ認知的知識とは何ですか

メタ認知は自分の認知活動(知覚、思考、記憶、言語、注意など)を客観的に**監視**(モニタリング)し、**自己評価や制御**(コントロール)をする能力のことだよ
メタ認知的知識とは、**認知作用の状態を判断するために蓄えられた知識**のことで、**自己、方略・課題**に分けることができるんだよ

認知過程次元のカテゴリー

認知過程次元	記憶する	知覚した情報から自らが考え出した情報を保持し、必要な時にそれらを思い出すこと
	理解する	内容を解釈したり、言い換えたり、説明したり、推し量ったりすること伝えられたこと
	応用する	記憶したり、理解したりした知識や内容を実際に特定の場面（実際の事柄）で使ってみること
	分析する	情報や概念を構成要素に分解し、要素同士の関係や、全体の構造・目的を理解すること
	評価する	素材や方法の価値を目的に照らして判断すること
	創造する	ゼロの状態から新しいものを生み出すのではなく、これまで学んだ知識を再構成して新しいアイディアを生み出すこと

知識次元のカテゴリー

知識次元	事実的知識	個別・具体的な内容要素を指し示す知識
	概念的知識	事実的知識を基に抽象化していき、1つの概念にまとめられた知識
	手続的知識	「どのように行うか」のやり方についての知識
	メタ認知的知識	認知作用の状態を判断するために蓄えられた知識

次元との密接な対応関係が示されていますが、一方で、「分析」、「評価」、「創造」といった認知過程次元の高次のカテゴリーについては、知識次元と認知過程次元の対応関係が明確にはなっていません。 なお、探究の過程は認知過程そのものなので、探究の過程の様々な局面で適切なカテゴリー

の認知過程を使います。

　例えば、問いを見いだし課題を設定する過程においては、「創造する」はもちろんのこと「理解する」「評価する」「分析する」などの認知過程を経ています。情報の収集においても「評価する」「分析する」「理解する」はもちろん「創造する」「記憶する」「応用する」認知過程を経ています。整理・分析する過程、まとめ・表現の過程においても同様です。

　このように探究の過程においては認知過程の次元の6つのカテゴリーを適切に使いながら探究活動を進めていきます。また、知識についても、探究の過程の様々な局面で認知過程を経ることで知識次元の4つのカテゴリーにある知識を獲得することができます。

Ⅳ 自己調整学習

　犬塚(2017)は「自己調整学習とは、学習者が自分の学習プロセスを能動的に調整していくことである」と述べています[7]。**自己調整学習は、予見段階と遂行段階、自己内省段階の3段階で構成される循環的なプロセスから成り立ちます。**予見段階とは、何をどのように学習するかについて計画を立てたり、目標を立てたりするなど、学習を実際に遂行する前に下準備をする段階のことです。遂行段階とは、予見段階で立てた計画を実行するだけでなく、取り組んでいる課題に集中したり、取り組み状況をモニタリングし、必要に応じて行動を調整したりすることも含まれます。最後の自己内省段階とは、学習後に学習全体を振り返る段階であり、自己内省の結果が次の予見段階に反映されることで、循環的な学習プロセスが成立されていきます。たとえば、単に「目標が達成できなかった」と自己評価するだけでは、次の予見段階には適切に反映されにくいと考えられます。目標が達成できなかった場合には、うまくいかなかった原因や改善するための具体的な方策について考えることが、次の予見段階に活用する上では重要になります[8]。

図表 4-5 自己調整学習のサイクル

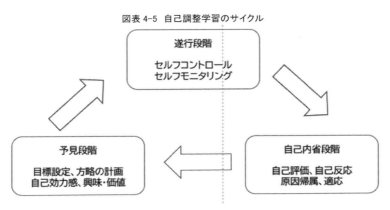

出典：引用・参考文献（8）を基に著者作成

　このように、予見（目標を達成するために計画を立てる）・遂行（自らを制御しながら学習に取り組む）・自己内省（成果について振り返って次の目標に活用しようとする）のサイクルを適切に循環させながら学習を進める手法を自己調整学習といいます。

　「平成28年答申」では、資質・能力を身に付けるためには、授業において、主体的・対話的で深い学びの実現することが求められています。授業改善の具体的な内容が述べられていますが、「主体的な学び」を実現させるための視点として次のように記載されています。

> 学ぶことに興味や関心を持ち、自己のキャリア形成の方向性と関連付けながら、**見通しをもって粘り強く取り組み、自己の学習活動を振り返って次につなげる**「主体的な学び」が実現できているかという視点

　この視点の中で、太字で示した「見通しをもって粘り強く取り組み、自己の学習活動を振り返って次につなげる」という部分が、自己調整学習のことを示します。

　評価の観点の一つである「主体的に学習に取り組む態度」も、2つの側面として粘り強さと自己調整力が挙げられています。

「主体的に学習に取り組む態度」はどのように評価するのですか？

ひとつは、知識及び技能を獲得したり、思考力、判断力、表現力等を身に付けたりすることに向けた**粘り強い取組を行おうとしている側面**よね
もう一つは、資質・能力を身に付けるために**粘り強い取組を行う中で、自らの学習を調整しようとする側面**よ。この2つを評価するのよ

　探究の課程を自己調整学習のサイクルを踏まえて考えると、予見段階が問いを見出し、課題を設定するまでが探究の過程です。この過程では、教師はただ指示するのではなく、学習者を支援してあげることが大切です。この過程を教師の支援を受けながらも学習者自身で設定し、学習者が自律的に探究学習を取り組むことができるようになります。学習者自身で課題を設定できることが、それ以降の過程における粘り強さにつながります。

> **（2）課題の設定においては、生徒が自分で課題を発見する過程を重視すること。**
>
> 高等学校学習指導要領第4章総合的な探求の時間の第3の3の（2）

　次の探究の過程の情報の収集、整理・分析、まとめ・表現が、遂行段階です。課題を解決するために、過程を行きつ戻りつ、試行錯誤することもあるので、粘り強さが求められます。まとめ・表現の過程の後に行う振り返りが自己内省段階です。多くの学校ではこの段階を省略し、探究学習を終了してしまうようです。まとめ・表現の過程でみんなの前で発表した、レポートを先生に提出した、という理由からですが、本来、探究学習は発展的に繰り返すことにより、資質・能力を身に付けることができると考えられています。したがって、自己内省段階は略さず、大切にすべきです。

Ⅴ 研究・探究・調べ学習とは

　研究について、坂根（2011）は「「研究とは自然の法則を理解して、人類の発展に役立たせる知的営みである」。つまり、研究はその成果が人類の発展に「役に立たないといけない」のである。」といっています[9]

　探究については、問題解決的な学習が発展的に繰り返されることで、よりよく課題を発見し解決していくための資質・能力を身に付けるための学習のことです。つまり、正しい答えにたどり着いたり、人類の役に立つような成果を上げたりすることが直接の目的や目標にはなっていません。

　ところで、「調べ学習」というワードは、最近多く聞かれるようになってきました。調べ学習は様々な意味を持ちながら幅広く使われているようです。探究学習を指していることもあれば、学習者が教師から与えられた課題を本やインターネットで調べること、あるいは先行研究を指している場合もあります。多様な意味で使われているため、調べ学習という言葉を使う場合は、その意図をしっかり確認してから話さないと意思疎通を図ることができないかもしれません。ちなみに探究の過程の情報の収集を調べ学習といっていることもあります。

figure 4-6 研究、探究、調べ学習のイメージ

研究：既存の知識や理論を深めたり、新たな知見を提供する。学問の発展や社会の進歩に貢献

探究：実社会、実生活と自己との関わりの中から探究の過程を発展的に繰り返しながら資質・能力を身に付ける

調べ学習：自分が取り組んでいる探究のテーマと同じ分野で先に発表されている研究や事例を調べること。情報の収集や探究的な学習を指している場合もある

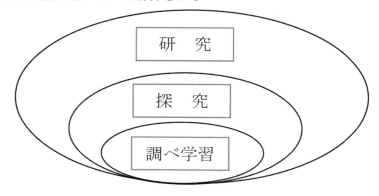

出典：著者作成

Ⅵ 「総合的な学習の時間」の学習指導要領の目標の対比

　総合的な探究の時間は、平成30年版高等学校学習指導要領において、総合的な学習の時間から「目標」が大きく変わるだけでなく名称も変更になりました。中学校においても平成29年版中学校学習指導要領では「目標」が大きく変わりましたが、名称は今までと同じ総合的な学習の時間となりました[10][11][12]。

　図表4-7の平成29年版中学校学習指導要領の総合的な学習の時間と平成30年版高等学校学習指導要領の総合的な探究の時間の目標を比べてみると、そこからは、育成を目指す資質・能力など多くの部分が共通したり、連続したりしていますが、一部異なる書き方をしているところが見られます。そこが総合的な探究の時間ならではの特質であることを意味しています。

図表4-7　学習指導要領の目標の対比

総合的な学習の時間　平成21年版高等学校学習指導要領	総合的な探究の時間　平成30年版高等学校学習指導要領	総合的な学習の時間　平成29年版中学校学習指導要領
横断的・総合的な学習や探究的な学習を通して、自ら課題を見付け、自ら学び、自ら考え、主体的に判断し、よりよく問題を解決する資質や能力を育成するとともに、学び方やものの考え方を身に付け、問題の解決や探究活動に主体的、創造的、協同的に取り組む態度を育て、<u>自己の在り方生き方を考える</u>ことができるようにする	探究の見方・考え方を働かせ、横断的・総合的な学習を行うことを通して、<u>自己の在り方生き方を考えながら</u>、よりよく課題を発見し解決していくための資質・能力を次のとおり育成することを目指す。（後略）	探究的な見方・考え方を働かせ、横断的・総合的な学習を行うことを通して、よりよく課題を解決し、<u>自己の生き方を考えていくための資質・能力</u>を次のとおり育成することを目指す。（後略）

出典：学習指導要領を基に著者作成

第4章　探究　73

両者の違いは、学習者の発達の段階において求められる探究に対しての姿勢と関わっており、課題と自分自身との関係で考えることができます。**総合的な学習の時間（探究的な活動）では、課題を解決することで自己の生き方を考えていく学びですが、総合的な探究の時間（探究活動）では、自己の在り方生き方と一体的で不可分な課題を自ら発見し、解決していくような学び**を展開していくことが求められています。つまり、探究活動においては、自己の在り方生き方を探究の過程で使いながら探究活動を行うことです。特に、問いを見いだし課題を設定する過程においては、自分で課題を設定することが大切です。自分が決めたことを自分が責任をもってやり遂げようとすることで自律性は高まります。自己調整能力を発揮しながら、設定した課題の解決に向けて、粘り強く試行錯誤することが求められています。

　平成21年版高等学校学習指導要領の総合的な学習の時間と平成30年版高等学校学習指導要領の総合的な探究の時間の目標を比べてみると、第1は、平成30年版高等学校学習指導要領の総合的な探究の時間では、「横断的・総合的な学習を行う」とありますので、この時間の学習の対象や領域は横断的・総合的でなければならないことを表しています。平成21年版高等学校学習指導要領では、探究的な学習と横断的・総合的な学習は並列で選ぶことができましたが、平成30年版高等学校学習指導要領では探究学習を横断的・総合的に学習することが前提であることを示しています。第2は、「自己の在り方生き方を考えながら」については、前述したように、平成30年版高等学校学習指導要領では自己の在り方生き方と一体的で不可分な課題を自ら発見し、解決していくような学びを展開していくことを求めています。第3は、平成30年版では「よりよく課題を発見し解決していく」とあり、自ら課題を設定することが求められ、それが、例え解決の道筋がすぐには明らかにならない課題や、唯一の正解が存在しない課題などであっても粘り強く解決しようとすることを求めています。第4は、平成30年版高等学校学習指導要領の総合的な探

究の時間で育成を目指す資質・能力が明確になったことです。

　このように、平成30年版高等学校学習指導要領の総合的な探究の時間では平成21年版高等学校学習指導要領の総合的な学習の時間に比べ、より探究活動を行うことで資質・能力を育てる傾向が強くなっていることや自分の人生や将来、職業に対して見通しを持つことをより求めていることが伺えます。

Ⅶ　小中学校と高等学校の接続

　平成30年版高等学校学習指導要領解説総合的な探究の時間編における「改訂の趣旨」には、平成21年版高等学校学習指導要領総合的な学習の時間を実施しての次のような課題と指摘事項が挙げられています[13]。

> 地域の活性化につながるような事例が生まれている一方で、本来の趣旨を実現できていない学校もあり、小中学校の取組の成果の上に高等学校にふさわしい実践が十分展開されているとは言えない状況にある。

> 各学校段階における総合的な学習の時間の実施状況や、義務教育9年間の修了時及び高等学校修了時までに育成を目指す資質・能力、高大接続改革の動向等を考慮すると、高等学校においては、小・中学校における総合的な学習の時間の取組の成果を活かしつつ、より探究的な活動を重視する視点から、位置付けを明確化し直すことが必要と考えられる。

　高等学校においては、小中学校で行われた総合的な学習の時間の成果を十分に生かし切れていないのではないかという指摘をされています。小中学校の学習成果をより高度化する高等学校としてふさわしい取り組みをしてほしいという願いでもあります。したがって、平成30年版高等学校学習指導要領では、「平成28年答申」を踏まえて平成29年版中学

校学習指導要領との接続を含め、小・中・高を見通した改善・充実の中で、高等学校教育の充実を図っていくねらいがあります。平成30年版高等学校学習指導要領第1章総則第2款「教育課程の編成」には新たに規定された「4 学校段階等間の接続」には下のような記載があります[14]。

> （1）現行の中学校学習指導要領を踏まえ、**中学校教育までの学習の成果が高等学校教育に円滑に接続され、高等学校教育段階の終わりまでに育成することを目指す資質・能力を、生徒が確実に身に付けることができるよう工夫**すること。
>
> 平成30年版高等学校学習指導要領第1章総則第2款4（1）なお、中等教育学校等の教育課程についての記載部分は省略

学校段階等間の接続が重視される中、本来は小中学校で学んだ総合的な学習の時間の上に、高等学校での総合的な学習の時間での学びが積み上げられるはずですが、実際には平成30年版高等学校学習指導要領が告示される以前の段階としては、多くの高等学校で実施していた総合的な学習の時間では小中学校での学習の成果が積みあがっていないことが指摘された結果、このような記述になってしまったと考えられます。

Ⅷ 高等学校で求められる探究学習とは

総合的な探究の時間において、探究をより洗練された質の高いものにするために、学習の過程（探究の過程）と学習者の視点から考える必要があります[15]。

第1は学習の過程の視点です。高等学校における学習者は、小中学校で総合的な学習の時間を学び、探究的な学習の過程を経験しています。高等学校によっては、「探究の基礎」と称して、探究の過程のそれぞれの過程をピックアップながらワークシートなどを使って留意すべき点をグループワークなどを行いながら確認しています。**探究の過程を繰り返し経ることで、その質は高まり、より高度化されていきます。**その探究の

過程が高度化されているかどうかの指標として、次のことが考えられます。

① 探究において目的と解決の方法に矛盾がない（整合性）
② 探究において適切に資質・能力を活用している（効果性）
③ 焦点化し深く掘り下げて探究している（鋭角性）
④ 幅広い可能性を視野に入れながら探究している（広角性）

第2は学習者の視点です。探究を行うときに、学習者が設定した課題に対して自分事になっていて、**探究とのかかわりが自律的に行われている**ことが重要です。学習者が探究に対して自律的にかかわっているかどうかの指標として、下のことが考えられます。

① 自分にとって関わりが深い課題になる（自己課題）
② 探究の過程を見通しつつ、自分の力で進められる（運用）
③ 得られた知見を活かし社会に参画しようとする（社会参画）

IX オーセンティックな学び(真正の学習)を教科横断の視点で実践 [16] [17]

奈須（2016）は、「現実の社会に存在する本物の実践に可能な限り近づけて学びをデザインする」ことの必要性を述べています[18]。「本物の」や「真正の」などの意味がある「オーセンティック」の教育的意義について着目してみると、次のようなことが考えられます。

学習指導要領の理念が「よりよい学校教育を通じてよりよい社会を創る」ですから、子供たちが、学校教育により社会に貢献する、あるいは社会を生き抜くために必要な資質・能力を身に付けることが目的です。

今までの学校は、どちらかというと「社会に出て必要な力は、社会に出てから身に付ける」という教育を行う傾向がありました。しかし、現在は将来の予測が困難であり、社会の変化も激しいため、社会全体が学校教育に対して社会に出る前の学校教育の段階で「社会の変化に対応できるような資質・能力を身に付ける」ことを求めるようになってきました。

学校教育において、社会の変化に対応できるような資質・能力を育

成するためには、従来多く行われてきたドリル型の学習ではなく、現実の社会にある本物の実践に可能な限り近づけた学びをデザインすること、つまり主体的に問いを見いだし課題を設定し、仲間と協働しながらその課題を解決するようなプロジェクト型の学習が求められています。学校教育の中で、そのような学習形態で学ぶことで、知識・技能、活用力である思考力・判断力・表現力など認知的な面、情意・態度など情意的な面、対人関係能力などの社会的な面など人間の能力全体を身に付けることで、社会に出たときに実践で役立つようになると考えられています。

図表 4-8 ドリル型学習とプロジェクト型学習の違い

	ドリル型学習	プロジェクト型学習
学力の質的レベル	知識・技能の習得（事実的知識の記憶/個別的スキルの実行）	知識・技能の総合的な活用力の育成（見方・考え方に基づいて概念やプロセスを総合する）
取り組み方	機械的な作業	思考を伴う実践
ブルームの目標分類学のレベル	知識、理解、適用	分析、総合、評価
学習活動のタイプ	ドリルによる要素的学習（プログラム学習志向）要素から全体への積み上げとして展開し、「正解」が存在するような学習	ゲームによる全体論的学習（プロジェクト学習志向）素朴な全体から洗練された全体へらせん的に展開し、「最適解」「納得解」のみ存在するような学習
学習観	行動主義	構成主義
評　価	行動目標に基づく評価	パフォーマンス評価

出典：引用・参考文献（6）を基に著者作成

　オーセンティックな学び（真正の学び）やオーセンティックな評価（真正の評価）について、バレーボール競技を例に考えてみます。

　バレーボールのルールや歴史をよく知っているからといって、バレーボールがうまいとは限りません。「あの選手うまいね」と評価されるのは大事な試合の重要な局面で活躍できるからです。この場合、本物とは大会における試合、つまり本番の「試合（game）」となります。パス、アタック、レシーブ、ブロックなどの練習（ドリル練習）でうまくプレーできることが、本番の試合で活躍できることを意味しているわけではありません。試合で活躍できるかどうかは、刻々変化する試合の流れ（本物の

状況）の中でチャンスをものにできるかどうかにかかっています。オーセンティックな練習とは本番の試合を意識したゲーム形式の総合練習（例えば、相手チームがいて、審判がいて、できれば観客がいて……）です。本番の試合では、刻々と変化する試合の流れの中で最適なプレーを選択して成功させることが勝利につながります。感覚や能力は、実際のゲームの中で可視化し、オーセンティックな練習で身に付けていくことが大切です。

　大会の直前になっても、パス、アタック、レシーブ、ブロックのドリル練習を相変わらず個別的に練習していたのでは、本番の試合での勝利は遠いものになります。もちろん、一つ一つの基本的な技術の精度を高めていくことは大切なことですが、試合を想定したオーセンティックな練習なくして、本番の試合で勝利を掴むことはできません。

　本番の試合で活躍する力を育むためには、「パフォーマンス」を「直接的に」評価する「パフォーマンス評価」が有効です。ここでいうパフォーマンスとは、知識や技能を、特定の課題や文脈（試合の流れ）に対応しながら発揮することを意味します。

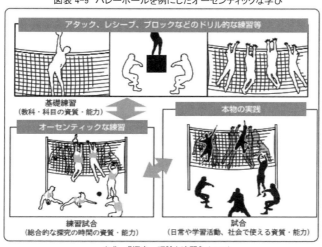

図表 4-9　バレーボールを例にしたオーセンティックな学び

出典：『探究―理論と演習』（2021）

第4章　探究　　79

学校においてオーセンティックといえば「現実の（実在する）社会の」ということになります。この現実の社会に存在する本物の実践を行うには、社会を意識しながら教科・科目の学びを深めていくことが重要になりますが、それだけでは不十分であり、それに加えて、教科・科目の本質的な部分を横断する学びの実践、教科横断の視点を持った学びの実践が必要になります。

　学習者に、日常生活や社会に目を向けさせながら、そこで起こっている問題や課題を教師が気付かせたり、それを実際に体験させて自ら気付かせたりすることが必要となります。そして、それを解決するために教科・科目を横断する視点を持った学びを実践させることこそが、現実の社会に存在する状況に近い中での実践となります。

　このような教科横断の視点を持った学びが、総合的な探究の時間の学びであり、今後ますます各学校の教育活動において重要なものになるといえるでしょう。

X　結局、探究学習では何を目指しているのか

　平成30年版高等学校学習指導要領で示された総合的な探究の時間の目標を次に示します。

第1目標

　探究の見方・考え方を働かせ、横断的・総合的な学習を行うことを通して、自己の在り方生き方を考えながら、よりよく課題を発見し解決していくための資質・能力を次のとおり育成することを目指す。
（1）探究の過程において、課題の発見と解決に必要な知識及び技能を身に付け、課題に関わる概念を形成し、探究の意義や価値を理解するようにする。
（2）実社会や実生活と自己との関わりから問いを見いだし、自分で課題を立て、情報を集め、整理・分析して、まとめ・表現すること

ができるようにする。
（３）探究に主体的・協働的に取り組むとともに、互いのよさを生かしながら、新たな価値を創造し、よりよい社会を実現しようとする態度を養う。

　つまり、主体的・対話的で深い学びと横断的・総合的な学習を探究の過程で行うというカリキュラムマネジメントを経ることによって、「知識・技能」「思考力・判断力・表現力等」「学びに向かう力・人間性等」という資質・能力を育成するということです。
　主体的・対話的で深い学びについて文部科学省は国外向けに次のように英訳しています。

> Proactive, interactive and authentic learning

　つまり、主体的な学びとは積極的に客体（対象）に向かっていくことであり、対話的とは相互に作用することで、話合うことで合意形成したり意思決定したりする学びです。深い学びとはオーセンティック（本物）の学びですから、実社会や実生活と自己との関わりを意識しながら、既有の知識、情報、経験などと新しくインプットした知識、情報、経験などを関連付けて、分析したり、評価したり、創造したりしていくことです。「知識・技能」「思考力・判断力・表現力等」「学びに向かう力・人間性等」については、「知識・技能」「思考力・判断力・表現力等」は認知的側面、「学びに向かう力・人間性等」は情意的側面、「学びに向かう力・人間性等」にある「等」の内容について目標でいうところの「よりよい社会を実現しようとする態度」と考えるならば、社会的側面を示す資質・能力になります。それらの資質・能力をすべて合わせると汎用的な能力、つまりコンピテンシーとなり、それらを育成することを目標で示していると考えられます。

【引用・参考文献】
(1) 文部科学省．高等学校学習指導要領（平成 30 年）解説総合的な探究の時間編．学校図書．2019.p.12-13
(2) 溝上慎一・成田秀夫．アクティブラーニングとしての PBL と探究的な学習（溝上慎一編『アクティブラーニング・シリーズ 2』．東信堂．2016
(3) 溝上慎一・成田秀夫．アクティブラーニングとしての PBL と探究的な学習（溝上慎一編『アクティブラーニング・シリーズ 2』．東信堂．2016
(4) 溝上慎一．インサイドアウト思考―創造的思考から個別的な学習・ライフの構築へ―．東信堂．2023
(5) 石井英真．「改訂版タキソノミー」によるブルーム・タキソノミー の再構築」―知識と認知過程の二次元構成の検討を中心に―．日本教育方法学会紀要「教育方法学研究」第 28 巻．2002
(6) 石井英真．「改訂版タキソノミー」における教育目標・評価論に関する一考察―パフォーマンス評価の位置付けを中心に―．京都大学大学院教育学研究科紀要第 50 号．2004
(7) 犬塚美輪．よりよく学ぶためのヒント―自己調整学習―．J，鹿毛雅治編『パフォーマンスがわかる 12 の理論』金剛出版．2017. pp.177-210.
(8) 鈴木雅之．第 2 章 教育心理学からみた「主体性」―自己調整学習の観点から．2019.p.33-34 鈴木雅之（横浜国立大学）.pdf (tohoku.ac.jp)（最終閲覧 2024.4.5）
(9) 坂根政男．研究とは何だろうか．日本機械学会論文集 77 巻 779 号．2011.p.1078-1080
(10) 文部科学省．高等学校学習指導要領 (平成 30 年) 第 4 章 総合的な探究の時間
(11) 文部科学省．高等学校学習指導要領 (平成 21 年) 第 4 章 総合的な学習の時間
(12) 文部科学省．中学校学習指導要領 (平成 29 年) 第 4 章 総合的な学習の時間
(13) 文部科学省．高等学校学習指導要領（平成 30 年）解説総合的な探究の時間編．学校図書．201 9.p.6
(14) 文部科学省．高等学校学習指導要領（平成 30 年）解説総則編．東洋館出．2019.p.106-108
(15) 文部科学省．高等学校学習指導要領 (平成 30 年) 解説総合的な探究の時間編．学校図書．201 9.p.9-10
(16) 石井英真．中学校・高等学校 授業が変わる 学習評価深化論．図書文化社．2023.
(17) 石井英真．「改訂版タキソノミー」における教育目標・評価論に関する

―考察―パフォーマンス評価の位置付けを中心に―.京都大学大学院教育学研究科紀要第 50 号.2004. p 172-185

(18) 奈須正裕.資質・能力を基盤とした学校教育の創造.文部科学省生涯学習分科会企画部会（第 2 回）配付資料 3.2016.p.22

第5章

「考えるための技法」と「思考ツール(シンキングツール)」

Ⅰ 「考えるための技法」と「思考ツール」

Ⅰ-1 「考えるための技法」を活用する (1) (2)

　平成30年版高等学校学習指導要領第4章総合的な探究の時間の第3の2の（4）において以下のように記述されています。

> **探究の過程においては、**他者と協働して課題を解決しようとする学習活動や、**言語により分析し、まとめたり表現したりするなどの学習活動**が行われるようにすること。**その際、例えば、比較する、分類する、関連付けるなどの考えるための技法が自在に活用されるようにすること。**

　探究の質を高めるためには、協働的な学習や様々な体験して得たことや収集した情報を、言語により整理・分析したり、まとめ・表現したりすることが必要です。学習指導要領では、探究の過程の学習活動の場面において、学習者が自らの意思で場面や状況に合わせて、適切な「考えるための技法」を選択したり、適用したり、組み合わせたり自在に活用できるようになることを求めています。

「考えるための技法」とは、考える際に必要になる情報の処理方法を、例えば「比較する」、「分類する」、「関連付ける」など、技法のように様々な場面で具体的に使えるようにするものです。思考を促す場合、「制約」を設けることで思考が促進することがあります。

　実際に「考えるための技法」を学習活動で活用するときには，比較や分類を図や表を使って視覚的に行います。思考ツール（シンキングツールと呼ぶこともある）などと言われていますが、そういったものを活用します。つまり、ケースバイケースで適した方法（ツール）選択し、それを活用することが大切です。その際、例えば、比較することが求められる場面では、総合的な探究（学習）の時間であっても、教科・科目であっても、同じ比較をするための思考ツールとして活用することで、学習者は「考えるための技法」が教科・科目を越えて活用することを意識するようになります。さらに、学習者が学校生活や日常生活など様々な場面においても、「考えるための技法」が意識的に、具体的に使えるようになることが大切です。社会に出たときに実社会や実生活の中で「考えるための技法」を自在に活用できるようになることが理想です。

　学習者は、学習場面やそれ以外の学校生活、日常生活において、実は様々に思考を巡らせています。特に課題解決をする過程では、対象を分析的に捉えたり、複数の対象の関係について考えたりしています。しかし、学習者は自分がどのような方法で考えているのか、頭の中で情報をどのように整理しているのか、必ずしも自覚していないことが多いといわれています。

　そこで、教師は課題解決をする過程において、学習者に「考えるための技法」を意識的に活用させ思考を制約させることによって、学習者の思考を手助けするとともに、別の課題解決が必要になった場面でも前に使った思考ツールはないかなと振り返ることで適切に「考えるための技法」を選択しすぐに活用できるように習得させておくことが重要です。それにより、学習者は別の場面でも「考えるための技法」を適切に選択

し活用することで、課題を解決することが可能になります。実社会や実生活における課題解決の際にも活用できるようになり、それが未知の状況にも対応できる思考力、判断力、表現力等の育成につながると考えられます。

Ⅰ-2 「考えるための技法」の例とその内容

次の表は、平成30年版高等学校学習指導要領解説総合的な探究の時間編で示している「考えるための技法」の例です。各教科・科目等の目標や内容の中に含まれている思考・判断・表現に係る「考えるための技法」につながるものを分析し、概ね中学校段階において活用できるものを例として整理したものであり、こうした「考えるための技法」が自在に活用できるものとして身に付くことを期待しています。

> ① **順序付ける**
> 複数の対象について、ある視点や条件に沿って対象を順番に並び替える
> ② **比較する**
> 複数の対象について、ある視点から共通点や相違点を明らかにする
> ③ **分類する**
> 複数の対象について、ある視点から共通点のあるもの同士をまとめる
> ④ **関連付ける**
> 複数の対象がどのような関係にあるかを見付ける
> ある対象に関係するものを見付けて増やしていく
> ⑤ **多面的に見る・多角的に見る**
> 対象のもつ複数の性質に着目したり、対象を異なる複数の角度から捉えたりする
> ⑥ **理由付ける（原因や根拠を見付ける）**
> 対象の理由や原因、根拠を見付けたり予想したりする

⑦ **見通す（結果を予想する）**
見通しを立てる。物事の結果を予想する

⑧ **具体化する（個別化する、分解する）**
対象に関する上位概念・規則に当てはまる具体例を挙げたり、対象を構成する下位概念や要素に分けたりする

⑨ **抽象化する（一般化する、統合する）**
対象に関する上位概念や法則を挙げたり、複数の対象を一つにまとめたりする

⑩ **構造化する**
考えを構造的（網構造・層構造など）に整理する

Ⅰ-3 「考えるための技法」を使うことの意義や留意点

(1) 「考えるための技法」を活用する意義

- **探究の過程のうち、特に、情報の「整理・分析」の過程における思考力、判断力、表現力等を育てる**

 情報の整理・分析においては、集まった情報をどのように処理するかという工夫が必要になる。考えるための技法はこうした分析や工夫を助ける

- **協働的な学習を充実させる**

 考えるための技法を使って情報を整理、分析したものを黒板や紙などに書くことによって、可視化され学習者間で共有して考えることができる

- **総合的な探究の時間が、各教科・科目等を越えた全ての学習の基盤となる資質・能力を育成する**
- **教科・科目等で学んだ資質・能力を総合的な探究の時間の実際の問題解決に活用する**

(2) 「考えるための技法」を「思考ツール」で可視化することの意義

 「考えるための技法」を図や表を使って視覚化した「思考ツール」を活

用する意義については次のとおりです。

> - **学習者の思考を助ける**
>   抽象的な情報を扱うことが苦手な学習者にとっては、それを書き出すことで思考がしやすくなる
> - **協働的な学習、対話的な学習がしやすくなる**
>   紙などで可視化することにより、複数の生徒で情報の整理・分析を協働して行いやすくなる
> - **学習の振り返りや指導の改善に活用できる**
>   学習者の思考の過程を可視化することにより、その場で教師が助言を行ったり、学習者自身が単元の終わりに探究の過程を振り返ったりすることに活用できる

(3) 「考えるための技法」、「思考ツール」の留意点

「考えるための技法」や「思考ツール」を活用する目的を学習者が理解し意識しなければ、ねらいを達成できないことにつながります。

> - **授業が書く作業を行うことに終始してしまう**
> - **ツールを活用すること自体を目的としてしまう**
> - **学習者の自由な発想を妨げるものになってしまう**

(4) 教師ができる「考えるための技法」の活用例

授業の中で「考えるための技法」を活用するときには「思考ツール」の形で使います。「思考ツール」はシンキングツールともいわれていて、「考えるための技法」の思考・判断・表現等に沿った図形や表があります。

> ① 「考えるための技法」を紙の上などで可視化することで、道具のように意図的に使えるような場面をつくる
> ② 学習者の思考を助けるためにあらかじめワークシートの形で用意しておく
> ③ 学習者がインプットしたさまざまな情報を、頭の中で再構成し

て、それをアウトプットするような学習活動の場面を意図的に作り出していく

Ⅰ-4 「考えるための技法」を活用するための思考ツールの例

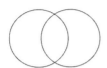

ベン図（比較する/分類する）

2つのものを比べて、相違点と共通点を比較しながら考えて、整理するのに役立ちます。比較だけでなく分類としても使えます。

クラゲチャート（構造化する/具体化する）

頭の部分に「主張」や「意見」、足の先にある丸の中にその理由を書き出していきます。自分の考えに対し、その根拠となる理由を明らかにするときに役立ちます。

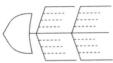

フィッシュボーン（構造化する/具体化する）

魚の骨のような形をした図の魚の頭の部分に「問題となること」、中骨に「その原因」、内側の小骨に「原因の具体例」を書きます。問題の原因を洗い出して解決策を考えたり、自分の考えについてそう考えた理由を洗い出すのに役立ちます。

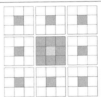

マンダラート（具体化する/関連付ける）

81個のマス目を用意し、中央に達成したい目標を記載し、周囲に取り組みやアイデアを書き込んでいきます。具体化したり、関連付けたりしながら思考を広げるのに役立ちます

出典：著者作成

Ⅱ「考えるための技法」を活用するための思考ツールの具体的な使い方の例

Ⅱ-1　具体化・抽象化する（例）ロジックツリー[3]

▶　ロジックツリーとは

　ロジックツリーは、情報の階層を整理して全体像をつかむときに有効です。物事を分解して考えていくことで「全体」と「部分」を網羅的に整理するフレームワークです。

　最初に設定した問題を、いくつもの要素に分解していきます。**ロジックツリーでは、［右に向かう］ほど、情報が具体的に分解され、［左に向かう］ほど、要約されています。**

　問題の原因分析を目的とした［Why ツリー、問題の場所を設定する［Where ツリー］、解決方法を模索する［How ツリー］など、用いる疑問詞の種類によって、ツリーの用途分類することができます。

▶　ロジックツリー［Why ツリー］のやり方

> ①　問題を設定する
>
> ロジックツリーの頂点となる問題を設定する。起きている問題や事象をありのまま記載
>
> ②　主な原因を書き出す
>
> 設定した問題に対して［Why なぜ？］と問いかけ、主な原因と考える要素を書き出す。最初の階層では細かく考えすぎないようにし、大枠で見てどの種類の原因があるのか大きな分類を把握することがポイント
>
> ③　原因を細分化する
>
> ②で書き出した原因に対して、さらに［Why なぜ？］を問いかけ、各原因を細分化して掘り下げる。以降、必要に応じて［Why なぜ？］

の問いかけを繰り返す

④　ツリーを整理する

情報を出し切ったら各要素の繋がりが論理的であるかどうか上位概念、下位概念の関係に間違いないかなどをチェック。上位と下位が逆になっていたり、同じ階層で話の大きさがバラバラになっていたりしていないか注意が必要

ロジックツリー［Why ツリー］のフレーム

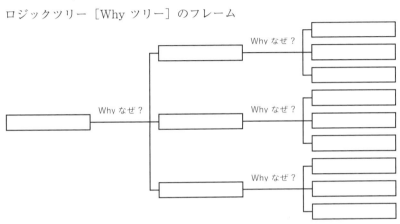

II-2　2軸を用いて比較する①（例）SWOT 分析[4]

▶　［SWOT 分析］とは

　［SWOT 分析］は、対象を取り巻く周辺環境を分析し、強みや弱みを把握する思考ツールです。　例えば、「うまくいっているところ⇔課題」と「内部環境⇔外部環境」など、二つの軸で構成されるマトリックスを作成し「強み（**S**trength）」「弱み（**W**eaknesses）」「機会（**O**pportunities）」「脅威（**T**hreats）」の 4 象限について分析を行います。内部環境とは、ヒト・モノ・カネといった資源のほか、経験値やデータベースなどの要素も考えられます。一方、外部環境とは、世の中の動きや業界の動向、ニュースといった取り巻く外部の持つ要素です。内部と外部そしてプラス面とマイナス面の両方に目を向けられることがこの思考ツールの良い点です。

第 5 章　「考えるための技法」と「思考ツール（シンキングツール）」

▶ ［SWOT 分析］のやり方

① **対象を決める**

SWOT 分析を行う対象を決める

② **情報を洗い出す**

「強み」「弱み」「機会」「脅威」に当てはまる要素を思い付くだけ書き出す。このとき、付箋やホワイトボードを利用するなどして、後で整理できるようにしておく

③ **整理する**

書き出した内容を整理し、欠けている部分は補う。このとき、重複している要素や重要度の低い要素は省くこともある。ポイントになるのは「好影響または悪影響」の振り分け。書き出した要素が対象にとってプラスなのかマイナスなのかは設定する基準によって変わる

④ **内容を磨く**

他者からの客観的なフィードバックをもらって、内容を磨く。なお SWOT 分析は対象と対象以外のものを対象として分析し、比較することでより精度の高い分析を行うことができる

[SWOT分析] のフレーム

	うまくいっているところ	課題
内部環境		
外部環境		

Ⅱ-3　2軸を用いて比較する②（例）緊急度/重要度マトリクス[5]

▶ ［緊急度／重要度マトリクス］とは

　［緊急度／重要度マトリクス］は、物事の優先順位を緊急度と優先度という2軸で整理し、検討・選定していくための思考ツールです。経営レベルの課題から個人が抱える日々の課題まであらゆる現場で活用される思考ツールとなっています。緊急度と重要度マトリクスを用いて全体像を可視化したら、課題の優先順位を決めることはもちろんですが、何に対してどれくらいの資源を割くかというバランスを考えることも重要です。

▶ ［緊急度／重要度マトリクス］のやり方

> ① 課題をマトリックス上に配置する
>
> 課題をマトリクス状に配置する。「緊急」「重要」の定義や基準などを設定しておくことが有効に活用するためのポイント。特に、複数人で活用する場合は事前にすり合わせておく必要がある。また、あらかじめ付箋などに課題を書き出しておくと全体像が早く把握しや

第5章　「考えるための技法」と「思考ツール（シンキングツール）」

すくなる
② 優先順位を検討する

マトリックスを整理できたら、優先順位を考える。緊急度と重要度の高さ（低さ）を参考にしながら検討する

［緊急度 / 重要度マトリクス］のフレーム

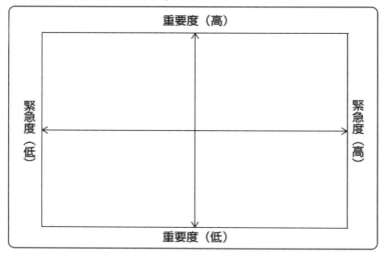

Ⅱ-4 分類する（例）コントロール可能 / 不可能[6]

▶ ［コントロール可能 / 不可能］とは

　自分たちの努力で解決できる問題と自分たちではどうにもできない問題とに分けるための思考ツールです。コントロール不可能なものとは、社会的な動きに支配される要因が絡んでいたり、他者の意思決定に高い割合で依存したりするものです。一方、内部的な要因や自分の行動や思考が原因の問題はコントロールすることが可能であり、結果的には解決の可能性は高いものになります。どう頑張っても変えられないものを議論し時間を費やしても仕方ありません。コントロールの可否で問題を分類することで時間を有効に活用できます。

▶ ［コントロール可能／不可能］のやり方

①　問題を書き出す
思い浮かぶ問題や、感じている困ったこと、などを書き出す。 数人で行う場合には、付箋1枚につき、1つずつ問題を書く ②　**分類する** ①で書き出した問題がコントロール可能か不可能かを分類。この段階では、問題を挙げた人の判断でしても構わない ③　**内容を深掘りする** 分類できたら対話をしながら深堀 　＊可能・不可能の分類は正しいのか 　＊可能に分類した問題の中で特に気になるものはどれか 　＊解決するためにはどうすれば良いか 　＊コントロール不可能で自分で打開できそうな発想がないか

［コントロール可能／不可能］のフレーム

コントロール可能	コントロール不可能

Ⅱ-5　多面的・多角的に考える①（例）6W2H[7]

▶ ［6W2H］とは

　思考を広げるために必要なベースとなる問いを網羅してくれるのが、多面的・多角的に考える思考ツールです。下の８つの疑問詞を用いて、物事、テーマ、問題や課題などを多面的に考察する思考ツールです。テーマに対して、さまざまな疑問詞による問いを投げかけることで思考が広がり、今まで気づいていなかった視点を得ることができます。

▶　８つの疑問詞で考えるべき視点

①　Who: 人物や組織、グループ等、主語の明確化
②　What: 考察する対象について、事実や構造の明確化
③　Whom: ターゲットや関係人物等、対象物の明確化
④　When: 実行日や納期など時間軸（期間やタイミング）の検討
⑤　Where: 場所や地理情報やエリアなどの検討
⑥　Why: 目的や原因、意義や前提条件、ねらい、意図等の明確化
⑦　How: 手段やプロセス、方法、手順、構造等の明確化
⑧　How much: 時間やお金、人材など、資源の検討

▶ ［6W2H］のやり方

①　深めたいテーマ（問題・課題）を決める
深めたい課題や問題等、テーマを決めて中央に記入
②　思考を広げるための疑問詞を使う
テーマに対して、８つの疑問詞（視点）に対して、それぞれに回答しながら、思考を広げていく

［6W2H］の思考ツールの例

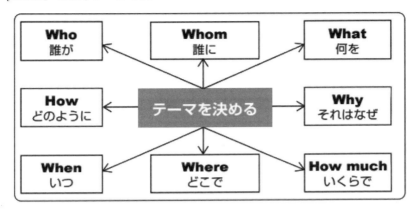

［6W2H］のフレーム

WHO 誰が	Whom 誰に	What 何を
How どのように	【テーマ（問題）】	Why それはなぜ
When いつ	Where どこで	How much いくらで

Ⅱ-6　多面的・多角的に考える②（例）オズボーンのチェックリスト[8]

▶　［オズボーンのチェックリスト］とは

　アイデアを考えるとき、もう少し工夫がほしいと思うところで止まってしまうことがあります。また、これまでにない斬新なアイデアが求められることもあるでしょう。しかし、これまでにないアイデアはこれまでと同じ視点では生み出せません。そこで9つの問いに答えることで、新たな視点を得る、新しいアイデアを創出することが可能になります。

▶　［オズボーンのチェックリスト］のやり方

> ①　課題を設定してアイデアについてある程度考える
> ②　設定した課題について、**9の問いからなるチェックリスト**を手元に置き、それに答えることで、新たな視点でアイデアを発想していく
> ③　問いのチェックリストを手元に置き、考えが煮詰まったら、いつでもそれを活用できるようにしておく

図表 5-1 オズボーンのチェックリスト

問う項目	問うときの視点・観点	具体例
1 転用	他の方法で使えないか？ そのままで新しい使い道はないか？ 他の分野で使えないか？	電子レンジ、教材に映画コンテンツを使う、寺の観音堂で演奏会
2 応用	何かまねができないか？ 他に似たものはないか？ この方法を別の作業に使えないか？	ラグビーからアメリカンフットボールへ、時間貸駐車場、フィルムメーカーの化粧品
3 変更	意味付けを変えられるか？ 色やデザインなど利用目的を変更できないか？	看護師の着衣(白から薄いピンクへ)、サブスクリプション制、黒綿棒
4 拡大	大きくできないか？ 高く又は長くできないか？ 量・回数・機能・情報などを増やせないか？	ジャンボジェット機、回数券、多機能テレビ、24時間ジム、2リットルのコーラ
5 縮小	小さくできないか？ 低く又は短くできないか？ 量・回数・機能などを減らせないか？	腕時計、スマホ、薄型テレビ、いすを外して寝転ぶ、一人暮らし用の中食、切り売り
6 代用	他の素材、人、モノ、場所、方法などを置き換えられないか？	タバコの代用→ガム・あめ・電子タバコ、スマホで上映
7 置換	要素・順序、パーツ、プロセスなどを上下、左右、前後に置き換えたらどうか？	人事異動、部屋の模様替え、スケジュールの変更、宅配サービス
8 逆転	上下、左右、前後、内外、順序、考え、常識などを逆にできないか？	ピンチをチャンスに、水のいらない洗濯機、食べるラー油
9 結合	モノや考えを結合できないか？ 新旧や真逆の要素を組み合わせることができないか？	品質改良、スマホ、スイカ・イコカ(電子マネー)、ネットカフェ、インフラ点検ポイント付与

出典：著者作成

［オズボーンのチェックリスト］のフレーム

課題（キーワード。アイデアでも可）		
転用してみたらどうか？	応用してみたらどうか？	変更してみたらどうか？
拡大してみたらどうか？	縮小してみたらどうか？	代用してみたらどうか？
置き換えてみたらどうか？	逆転させてみたらどうか？	結合してみたらどうか？

Ⅱ-7　関連付ける（例）イメージマップ

▶ ［イメージマップ］とは

目的に沿って、問題やトピックについて、イメージを膨らませ、関連付けながら思考を広げていくツールです。まわりに広げたキーワードや短文については、さらにより細かなキーワードや短文をイメージしながら書き出していきます。

▶ ［イメージマップ］のやり方

> ① **用紙を横に置く**
> 用紙を横に置くことで線が伸ばしやすくなる
> ② **イメージマップの目的、中心となるキーワード（セントラルキーワード）を決める**
> 初めにイメージマップの目的を決めることで方向性が示される。その後、それに関するセントラルキーワードを用紙の中央に書く
> ③ **セントラルキーワードの周囲に、関連するキーワードや短文を書く**
> 関連するキーワードや短文は、セントラルキーワードから放射状に線で広がるようにする。それぞれの関連するキーワードや短文を分岐させ、さらに関連するキーワードや短文を書いていく。
> ④ **セントラルキーワード、キーワード、短文はそれぞれ線で結ぶ**
> セントラルキーワードからキーワードや短文、更にキーワードや短文とそこから関連するキーワードや短文は、線で結ぶ

［イメージマップ］のフレーム

この［イメージマップ］をさらに広げていきましょう。

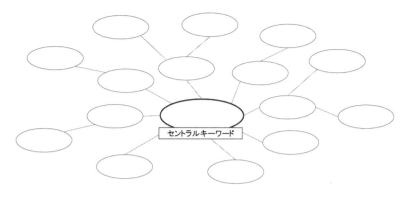

【引用・参考文献】
　(1) 文部科学省．高等学校学習指導要領（平成 30 年）解説総合的な探究の時間編．学校図書．2019.p.95-98
　(2) 文部科学省．今、求められる力を高める総合的な探究の時間の展開．2023.p.24-27
　　(3) 株式会社アンド．ビジネスフレームワーク図鑑．翔泳社．2018.p.30-31
　　(4) 株式会社アンド．ビジネスフレームワーク図鑑．翔泳社．2018.p.50-51
　　(5) 株式会社アンド．ビジネスフレームワーク図鑑．翔泳社．2018.p.36-37
　　(6) 株式会社アンド．ビジネスフレームワーク図鑑．翔泳社．2018.p.26-27
　　(7) 株式会社アンド．ビジネスフレームワーク図鑑．翔泳社．2018.p.22-23
　　(8) 株式会社アンド．ビジネスフレームワーク図鑑．翔泳社．2018.p.86-87

第6章

問いを見いだし、課題を設定する

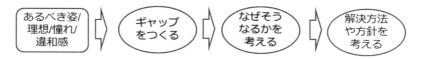

平成30年版高等学校学習指導要領第4章総合的な探究の時間の第3の2の（2）（3）において以下のように記述されています。

> (2) 課題の設定においては、**生徒が自分で課題を発見する過程を重視**すること。
> (3) 第2の3の（6）のウにおける**両方の視点を踏まえた学習を行う際には、これらの視点を生徒が自覚し、内省的に捉えられる**よう配慮すること。
> なお、第2の3の（6）のウとは「学びに向かう力、人間性等については、**自分自身に関すること及び他者や社会との関わりに関すること**の両方の視点を踏まえること」

I 問いを見いだし仮説を立てるまでの手順

I-1 問題とは

図表6-1 ネガティブギャップとポジティブギャップ

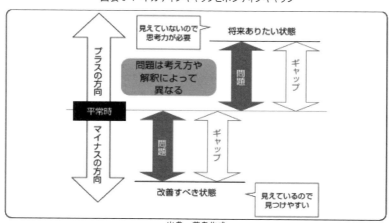

出典：著者作成

問題とはギャップ（ズレ）のことです。このギャップには大きく分けて、ネガティブ側のもの、つまり通常状態に戻すべき負の状態とのギャップとポジティブ側のもの、つまりあるべき望ましい姿と現状とのギャップという二通りがあります。一般に、通常時とのネガティブなギャップは、改善すべき点が見えているので、問題を見つけやすい傾向にあります。一方、**将来ありたい状態と現在とのギャップ、いわばポジティブなギャップは見えにくい傾向にあるので、問題を見つけるためには思考力が必要**となります。

　ギャップとしての問題を考える場合には、必ず二つの状態が関わっているということです。この二つの状態を知るとともに、その状態を比較していくことが大切です。

　また、**ギャップについて考えるときには、事実は一つですが、二つの状態の差がどの程度の大きなギャップになるかということは、人によって違います**。例えば、皿を割ってしまったとき、その皿が誰かとの思い出の品であったり、世界で一つしかないものであったりすれば大問題になるでしょう。しかし、元々捨ててしまおうと思っていた皿であったならば、けがをしないように早く片付けておく、その程度のものである可能性があります。なぜ、皿が割れたという事実は一つなのに、それらが人によって違う問題になるかといえば、一つの事実に対する「戻すべき状態」あるいは「あるべき姿」が人によって異なるからです。つまり、**問題というのは、私たちが事象をどのように解釈するかによって変わってくる**ということです。

　問題発見が、私たちの思考力とどのように関わっているのか、その答えがここにあります。要は**問題というのは事実そのものではなく、それを認識する私達の頭の中にある**のです。したがって、身の回りのものを見て様々な問題が見つかる人とそうでない人が出てくるわけです。例えば、完璧主義の人というのはあるべき姿のレベルが高いので、他人と同じ現象を見ても、そのギャップが大きく感じられるので人一倍様々な問

題が見つかることになります。このように問題は常に二つの状態の比較から来ることを理解しておくと、実社会や実生活と自己との関わりを意識するようになりその結果、問を見いだし、自分で課題を立てやすくなります[1]。

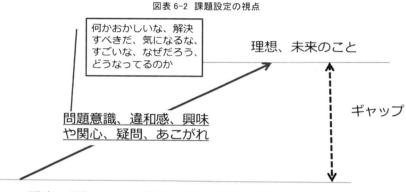

図表 6-2 課題設定の視点

出典：インサイドアウト思考（2023）を基に著者作成

Ⅰ-2 問題と課題の違い

　問題とは、物事に何か異常、不具合、悪化、あるいはあるべき姿（理想）からの乖離などの存在に気付くこと、それに対する振り返りやクリティカルシンキングを行うことにより生じるギャップのことを指します。また**課題とは、何がそれ（問題）を引き起こす原因なのか、それを解決するためにはどんな方向性が考えられるのかを洞察し、具体策を練って施策（実施するための計画）を決めること**を指します[2]。

図表 6-3 課題設定の視点

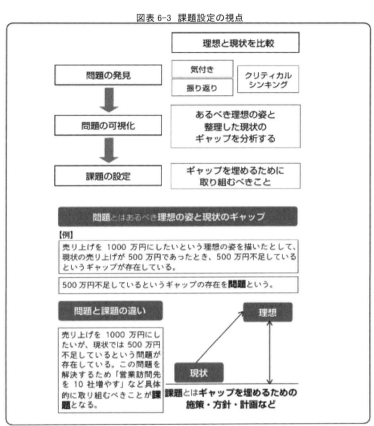

著者作成

Ⅰ-3　問題を見いだす方法　（例）As is/To be[3]

　［As is/To be］は、［あるべき姿:To be］と［現状:As is］とのギャップを可視化し、そのギャップを解決するための方法を考えていく思考ツールです。このとき、自分自身に関すること及び他者や社会との関わりに関することについてのあるべき姿をイメージし、現状を分析したり把握したりします。このギャップが解決すべき問題となります。あらゆる問題解決の第一歩は、この理想や未来のことと現状（現実・既知のこと）の比較から始まります。

▶ [As is/To be] のやり方

① **あるべき理想の姿を描く**
理想や未来を想像し、**ありたい姿を To be（理想の姿）に描く。**はじめに、思い浮かぶ要素をすべて付箋に書き出す。その際、単語または箇条書き（短文）で書き出す（見える化）。その後で処理する

② **現状を整理する**
理想の姿に対して、**今どのような状況にあるのかを書き出し整理する。**定量的な情報に加えて、定性的な情報も書く。なお、あるべき理想の姿と現状は、双方を見ながら整理していく

③ **ギャップを分析する**
理想と現状の間にあるギャップを分析する。このギャップが問題であり、この問題を深掘りしていくことで課題の設定につなげる

[As is/To be] のフレーム

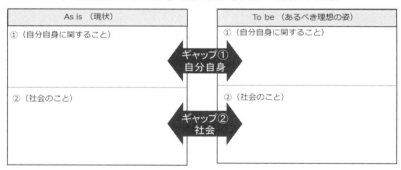

Ⅰ-4　原因を特定し問題解決策を考える方法（例）ロジックツリー[4]

　ロジックツリーを作成することによって、問題を明確に把握でき、**その問題に対しての原因を特定したり、解決法を見つけたり**することができます。情報の階層を整理して全体像をつかむときに有効です。**物事を分解して考えていくことで「全体」と「部分」を網羅的に整理する思考ツール**です。最初に設定した問題を、いくつもの要素に分解していきます。**ロジックツリーでは右に向かうほど情報が具体的に分解され、左に向かうほど情報が要約され抽象化されます。**

　問題の要因を追求する［Whyツリー］、問題解決の具体的な方法を模索する[Howツリー] など、用いる疑問詞の種類によって、ツリーの用途分類することができます。

> ① 　原因を特定する〈Whyツリー〉
> ロジックツリーを活用すれば、問題（結果）の原因を追究し原因を確定することが可能になる。因果関係（結果と原因）を踏まえながら、網羅的に分析することで、問題に対する原因を特定することが可能
> ② 　問題解決策を考える〈Howツリー〉
> Whyツリーで因果関係を構造化した後に、その要因の解決策をHowツリーによって考える。課題に対する解決策や改善策を最短時間で見つけていくことができる

　ここでは［Whyツリー］、[Howツリー] についてのやり方を学び、問題解決のための方針、方法について考えてみます。はじめに、[As is/To be] で明確になった問題について、Whyツリーを作成し問題を構造的に把握して、その中で解決すべき課題を特定（設定）します。

▶　［Whyツリー］のやり方

> ① 　問題を設定する
> ロジックツリーの頂点となる問題を設定
> ② 　主な原因を書き出す
> **設定した問題に対して［Whyなぜ？］と問いかけ、主な原因と考**

第6章　問いを見いだし、課題を設定する

える要素を書き出す。最初の階層では細かく考えすぎないようにし、大枠で見てどの種類の原因があるのか大きな分類を把握することがポイント

③　原因を細分化する

②で書き出した原因に対して、さらに [Why なぜ ?] を問いかけ、各原因を細分化して掘り下げていく。**以降、必要に応じて Why の問いかけを繰り返す**

④　ツリーを整理する

情報を出し切ったら各要素の繋がりが論理的であるかどうか、上位概念と下位概念の関係に間違いないかなどをチェック。上位と下位が逆になっていたり、同じ階層で話の大きさがバラバラになっていたりしていないか注意が必要

「要因（原因）展開」のイメージ

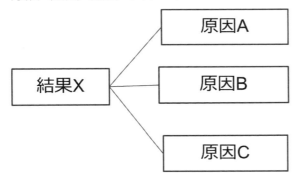

Why ツリー「要因(原因)展開」の具体例

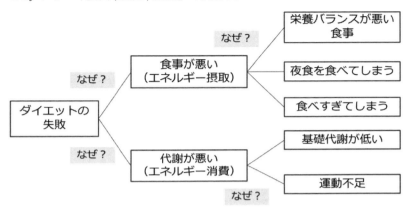

　次に、問題について、Why ツリーを参考にしながら How ツリーを作成し解決すべき課題（解決策、解決の方針、アクションプラン）を設定していきます。設定される問題は Why ツリーと同じものになります。
▶　［How ツリー］のやり方

① 問題を設定する
ロジックツリーの頂点となる問題を設定

② 主な原因を書き出す
設定した問題に対して［How どんな方法で？］と問いかけ、主な解決策と考えられる要素を書き出す。最初の階層では細かく考えすぎないようにし、大枠で見てどの種類の解決策があるのか大きな分類を把握することがポイント

③ 解決策を細分化する
②で書き出した解決策に対して、さらに［How どんな方法で？］を問いかけ、各解決策を細分化して掘り下げる。**以降、必要に応じて How の問いかけを繰り返す**

④ ツリーを整理する
情報を出し切ったら各要素の繋がりが論理的であるかどうか、上位

第6章　問いを見いだし、課題を設定する　　*113*

> 概念と下位概念の関係に間違いないかなどをチェック。上位と下位が逆になっていたり、同じ階層で話の大きさがバラバラになっていたりしていないかを確認

How ツリー「問題解決」のイメージ

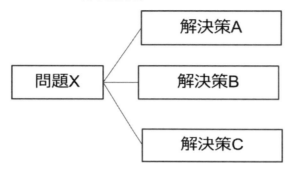

How ツリー「問題解決」の具体例

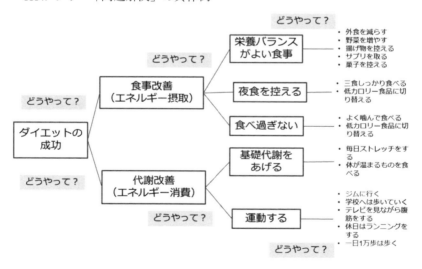

［ロジックツリー］のフレーム
Why ツリー［要因（原因）展開］

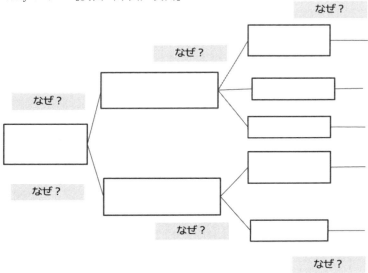

How ツリー「問題解決」

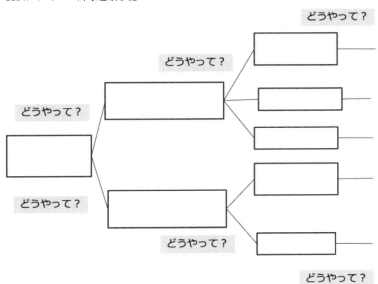

Ⅰ-5　課題の優先順位を付ける方法（例）2軸で比較する[5]

　課題の優先順位を決めるとき、2つの評価項目で2軸を使って整理し、検討・選定していくときに使う思考ツールを使います。社会や他者のかかわりに関する課題から自分自身に関する課題まであらゆる場面で活用できます。

　課題がたくさん出て、どれから取り組んだらよいのかその優先順位を決めたいとき、例えば、[課題解決までに要する期間] と [自分にとっての課題解決の必要性] の2つの評価項目で2軸を使って整理し全体像を可視化します。それができたら次に優先順位を決めます。

　その際、課題をシートに直接書き込む方法もありますが、まずは付箋に書き込んでそれをシートに貼り付けるような方法で行えば、話し合いながら課題が書かれた付箋を最適な場所へ移動させることが可能になります。

> ▶ ［2軸で比較する］やり方
> 座標軸を用いることで、2つの尺度を組み合わせて対象の性質（共通点・相違点や程度、度合い）を比較しながら整理することができる。また、対象を座標軸に位置付けることで、その性質について、尺度を組み合わせて捉えることができる。

［2軸で比較する］のフレーム（例）

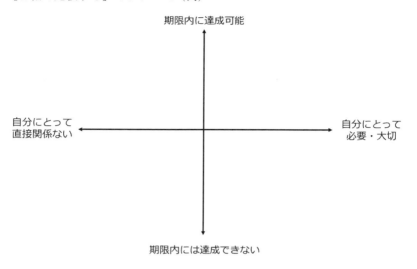

Ⅰ-6　設定された課題の質を検討する方法（例）SMART[6]

　課題を解決するためには、課題が具体的であり、解決に向けてすべきことが可視化され誰にでも分かる必要があります。SMART の「**具体的か**」「**測定可能か**」「**達成可能か**」「**成果に基づいているか**」「**期限はあるか**」の五つの視点から、設定された課題をチェックし課題の質を確かめます。重要なのは課題の難易度の設計です。課題が簡単すぎると、能力を持て余すこととなります。逆に難しすぎると、途中で息切れしてしまうことにつながり、それもまた良くありません。調査データや現状分析をもとにチャレンジングかつ適切な難易度を探し出しましょう。

［課題設定で事前に考えておくこと］
① よい課題設定の条件とは何か
② 設定された課題は解決できるのか。その際に阻害要因となるものは何か

▶ ［SMART］の視点

> **① 目標を具体的に考える　Specific**
> 現在設定している課題の内容が具体的かどうかを考える。課題を表現する文章は、誰が見ても分かる内容になっているかをチェックする
>
> **② 測定できるかを考える　Measurable**
> 課題の達成度や進捗状況を定量的に計測できる状態にあるかをチェックする。定量的に計測できることで、共有することや試行錯誤することが可能になる
>
> **③ 達成可能か考える　Achievable**
> 設定した課題が実現可能かどうかをチェックする
>
> **④ 成果に基づいているか考える　Result-based**
> 設定した課題がさらに次の探究の過程に紐づいているかをチェックする。探究は課題解決の過程（探究の過程）が発展的に繰り返される
>
> **⑤ 期限を考える　Time-bound**
> いつまでに目標を達成するかを考える。探究活動は締め切りや期限がある

［SMART］の視点でチェックするためのフレーム

自分が設定した課題	

具体的か Specific	
測定できるか Measurable	
達成可能か Achievable	
成果に基づいてるか Result-based	
期限はいつまでか Time-bound	

Ⅰ-7 仮説を立てる

仮説とは「断片的な情報や経験をもとにつくった問いに対する仮の答え」

例

> ① 「食べ物の廃棄量が社会問題になった」事実があったとする
> ② ギャップ（問い）としては、「食べ物の廃棄量を減らすためにはどうすればよいか？」（身近な問題として捉える）
> ③ ②の問いの解決策の一つ（仮の答え）としては、「捨てられる部分も含めて食材を丸ごと使った料理を考案し販売する」

①の事実があったとき、②で身近な問題としてとらえてギャップをつくり問いを見いだす。③でロジックツリーを使い解決策をたくさん示す。2軸を使って比較することで最適な仮の答えを導き出す。②と③から下の④の仮説を導き出す

> ④ 仮説を立てるならば「食べ物の廃棄量を減らすためには、捨てられる部分も含めて食材を丸ごと使った料理を考案し販売する」となる

▶ 仮説までの過程でのチェックポイント
① 日頃から、**実社会や実生活と自己の関わり**から自ら問題意識を持つ
② 対象やそこに存在する問題状況に直接出会うことで、**現実の状況と自ら抱く理想の姿との対比**などから問いを見出すことができる
③ **その状況を改善するためどうしたらよいのか**を考えることで問題意識を高めることができる
④ **自分との関わりから問いを見いだし自分で設定した課題**であるからこそ、その取組は真剣なものになる

Ⅰ-8 立てた仮説を可視化する方法 （例）ストーリーボード[7]

ストーリーを描く思考ツールを「ストーリーボード」といいます。ここでは、「問題のある現状」、「問題解決のプロセス」、「問題が解決した様子」

第6章 問いを見いだし、課題を設定する

の3つの内容を4マスに分けて描いていきます。「問題のある現状」と「問題が解決した様子」の差がギャップになります。このギャップを解決するための取組が「問題解決のプロセス」になります。ぼんやりしているアイデアを具体的に可視化することやイメージを共有することができます。

▶ ［ストーリーボード］のやり方

① **「解決すべき問題は何か」を洗い出し、現状分析する〈1コマ目〉**
洗い出す際のポイントは、その問題が事実に基づいていること

② **シナリオのゴール地点を考える〈4コマ目〉**
自分とって問題が解決された状態を考える。ただ解決されるだけではなく「最高（理想）の状態」を思い描いてみる

③ **解決すべき問題（現状）からゴール地点までのプロセスとなる「具体的な解決策」を考える〈2〜3コマ目〉**
解決策のアイデア出しのポイントは、できるだけ多角的・多面的にさまざまな視点からアイデアを考えてみる

④ **ストーリー構成をテキストで書き起こす**
①〜③でまとめた情報を4コマの「ストーリー」の形式に仕立てる。スタート〜ゴールまでをコマごとに書き起こす

⑤ **書き起こしたテキストをもとにイラストを描き加えて完成**

［ストーリーボード］のフレーム

1コマ：現状	4コマ：解決した状態
2コマ：解決のためにやったこと①	3コマ：解決のためにやったこと②

Ⅱ　課題の設定では学習者が自分で課題を発見する過程が大切[8]

　探究においては、探究の過程が高度化することと学習者が自律的になることが重要です。そのためには、**学習者がその時点で持っている資質・能力を適切に活用しながら、自分にとって関わりの深い課題を発見し、その課題を解決していく学習活動が必要**になります。

　平成30年版高等学校学習指導要領第4章総合的な探究の時間の配慮事項には

> 課題の設定においては、生徒が自分で課題を発見する過程を重視する

とありますが、**「課題の設定」においては、学習者が自分事として問いを見いだし、自分で課題を立てることが重要**になります。

　「自分で課題を発見すること」については、平成30年版高等学校学習指導要領解説総合的な探究の時間編では以下の記載があります。

> 生徒が自分自身の力で課題を見付け設定することのみならず、設定した課題と自分自身との関係が明らかになること、設定した課題と実社会や実生活との関係がはっきりすることを意味する。
> そのためにも、実社会や実生活と自己との関わりから問いを見いだし、自分で課題を立てることが欠かせない

　問いや課題については、学習者の既有の知識や経験だけでは生まれないこともあるので、学習者は意識的に実社会や実生活と実際に関わることが大切です。このときに、教師が必要に応じて指導、支援、助言することが不可欠になります。

　学習者が、実社会や実生活と実際に関わる中で、時間的な推移の中で現在の状況が問題を持っていること、空間的な比較の中で身の回りには問題があること、自己の常識に照らして違和感を伴う問題があること、

などを発見することで、**それが問題意識となり、自己との関わりの中で課題へとつながっていきます。**学習者の中に生まれた問いや問題意識が、切実な課題として設定され、より明確な「質の高い課題」となっていきます。**このプロセスや時間をわずらわしがらずに、大切にすることが、**発見する過程を重視することにつながります。

　「課題の設定」において、学習者が課題に関することを幅広く調べたり、一人でじっくりと考えたり、様々な考えをもつ他者と相談したりするなどして、行きつ戻りつ試行錯誤しながら、時間をかけて課題の設定に取り組むことは、資質・能力を高めるためには不可欠なことです。

　こうして洗練された「質の高い課題」は、より具体的な課題となり、学習者が自らの力で探究を進めるための原動力となります。**自分で発見した課題は、自分事になるとともに、将来の職業選択や進路実現にもつながってきます。**

　探究の過程が連続し、発展するためには、学習者自身が実社会や実生活と自己との関わりから課題を発見し、自ら課題意識を持ち、その意識を持ち続けていくことが欠かせません。

　学習者自身で課題を発見することを求められているとはいえ、教師からの意図的な働きかけは、学習者が課題を設定するときには特に有効です。前述したとおり、**学習者が持っている知識や経験だけからでは問いや課題が生まれないこともあるため、実社会や実生活と実際に関わることが求められます。**その中で、過去と比べて現在に問題があること、他の場所と比べてこの場所には問題があること、自己の常識に照らして違和感があること、などの発見が問題意識となります。必要に応じて、**教師がそのような視点を学習者が持てるような仕掛けづくりを行うことも重要です。**また、学習者が自分で課題を設定できるために必要な知識や技能を、事前に学習者に身に付けさせたり、意識させたりすることや、**自分の力で探究を進めることができるように事前に時間をかけて指導し、学習させることも必要です。**

このように、多くの場合、教師からの意図的な働きかけがなければ学習者自身で課題の設定をうまく行うことは難しいのが現実です。

　人、社会、自然に直接関わる体験活動を行う場合でも、学習対象との関わり方や出会わせ方などを教師が工夫する必要があります。その際、事前に学習者の発達や興味・関心を適切に把握し、学習者のこれまでの考えとの「ずれ」や「隔たり」を感じさせたり、対象への「あこがれ」や「可能性」を感じさせたりする工夫をすることが、学習者が問いや課題を発見するときに有効になります。

　学習者は、**対象やそこに存在する問題状況に直接出会うとき、現実の状況と自ら抱く理想の姿との対比などから問いを見いだし、その状況を改善するための課題意識を高めること**が多くあります。例えば図や写真、グラフや表などの様々な資料から、**現代社会に起きている様々な問題状況をつかみ、そのことと日常生活や社会との関わりを明確にすることで、学習者は解決すべき身に迫った課題として設定していく**こともあります。様々な資料との出会いから、自分との関わりから問いを見いだし、自分で課題を設定するからこそ、その取組は真剣なものになります。このようなこともあるので、それぞれの学習者の課題の設定には十分な時間をかけることが必要になってきます。それによって、一人一人の学習者にとって価値のある「適切な課題」として設定されていくことになります。「適切な課題」が設定できるためには、十分な時間を用いて課題を検討し合うことが大切です。

適切な課題とは

① その課題を解決することの意味や価値を自覚できる課題

② どのようなことを調べ、どのようなことを行うかなど、学習活動の展開が具体的に見通せる課題

③ 現実的に解決可能な課題

④ 自分にとって切実であり、必要感のある課題

　十分な吟味がなされていく過程で、その課題が現実的に解決可能か、

どのような方法により解決するのか、解決する価値はあるのか、などが繰り返し検証されることになります。

なお、まとめ・表現の際の気づきや発見からも課題の設定をすることができるので、設定した課題がやや不十分であっても、その課題でまずは探究の過程をスタートさせ、実施してみることもやり方のうちの一つでしょう。

【引用・参考文献】
(1) 細谷功.講談社現代新書.問題発見力を鍛える.講談社.2020. p .108-123
(2) 株式会社アンド.ビジネスフレームワーク図鑑.翔泳社.2018. p.18-19
(3) 株式会社アンド.ビジネスフレームワーク図鑑.翔泳社.2018.p.20-21
(4) 株式会社アンド.ビジネスフレームワーク図鑑.翔泳社.2018.p.30-31
(5) 株式会社アンド.ビジネスフレームワーク図鑑.翔泳社.2018.p.34-37
(6) 株式会社アンド.ビジネスフレームワーク図鑑.翔泳社.2018.p.136-137
(7) 株式会社アンド.ビジネスフレームワーク図鑑.翔泳社.2018.p.92-93
(8) 文部科学省.高等学校学習指導要領(平成30年)解説総合的な探究の時間編.学校図書.2019.p.14-15,p.17-18, p.48-49, p.124-125

第7章

情報の収集

Ⅰ 情報の収集とは

　情報の収集とは、**課題解決に向けて、幅広い観点から適切な情報源を見定めて、適切な手段を用いて、情報を収集・調査し、それらを適切に整理・保存すること**です。情報の収集については、研究方法といわれることもあります。この研究方法とは、問いの答えを導くために、研究で用いられる手法のことといわれています。

Ⅰ-1 情報の収集のポイント

① **情報の収集は、設定した課題や仮説が合っているかどうかを調べたり、確かめたりするために行います**
② 課題解決に向けて、自分で情報を集める姿勢を持つことが大切です
③ **情報の収集のやり方はたくさんあるので、どのようなやり方で集めるのが適切かを決めます**
④ 情報を収集して確かめた結果、**設定した課題や仮説が間違っている場合には、設定した課題や仮説が正しいのかを再検討する**必要があります
⑤ **情報の収集の正しいやり方については、探究を始める前に学ぶことが大切です**。正しく情報を収集するためのやり方を理解しないで、収集し始めると、間違っていたデータをもとに答えを導く可能性があるからです。なお、探究で得られた知見は最後に他者と共有するので、間違った答えを共有してしまう可能性があります
⑥ 情報収集力は多様な価値観の人と仕事を進めるために必要です。**誰が聞いても納得してもらえる根拠を示し信用してもらうためには情報の収集が重要**になります

⑦ 情報を収集する習慣を付けることは社会的信用度を高めることにつながります

Ⅰ-2　情報の収集の4原則 [1]

① **自分自身の知識を把握する（メタ認知）**
情報の収集を行う前に、まずは自分自身がどの程度の知識を持っているかを把握しておかなければなりません

② **用語を調べる（定義を知る）**
情報の収集の第一歩は、用語（語句）の意味をしっかりと調べることです。用語の定義や正確な意味を知らなければ、的外れな情報を集めることになったり、勘違いしたまま研究や調査を行っていくことになったりしてしまいます

③ **複数の情報源を調べる（信憑性を確認する）**
情報の収集において、一つだけの情報源の情報を鵜呑みにしてしまうのは危険です。クリティカルシンキング（批判的思考力）をはたらかせ、情報の信憑性を複数の情報源にあたることで確認します

④ **調べた情報を記録しておく（情報をまとめ、保存する）**
調べた情報は必ずメモ等の記録をとっておきましょう。人間の記憶力は弱いので、すぐに忘れてしまったり、曖昧になってしまったりします。論文作成や発表を行う際に参考文献を記載したり、文章を引用したり（詳細は第7章情報の収集 p.10-11 に記載）するため、**情報は「いつ」、「どこで」得たものかを明確にしておかなければ、信頼性にかけ、使えない情報**となってしまいます

II 情報源について

II -1 情報源の特性を知る[(2)]

　私たちは「図書」「論文」「Web サイト」「テレビ・ラジオ」「新聞」「データベース」など様々な情報源を使って、情報を収集しています。以下は主な情報源とその特性です。各情報源にはメリット、デメリットがあります。それらの特性を踏まえながら、偏りのない豊富な情報を収集することが大切で、複数の情報源を使って情報を確かめるようにするとよいでしょう。

▶　インターネット（Web サイト）
- 速報性に優れ、リアルタイムの情報を取得できる
- 世界中の情報を瞬時に検索できる
- 誰でも情報が公開できるため、その信頼性の判断には十分な注意が必要
- 検索サイトはインターネット上に公開されている情報をキーワードなど使って検索できる
- 総合辞書は、500 以上の専門書・国語辞典・百科事典から検索できる

▶　テレビ・ラジオ等
- 速報性に優れている。実録として説得力がある
- 映像が持つ影響力やインパクトが強い
- 情報量が少なく、断片的な情報である
- 捏造などがありうるので十分な注意が必要

▶　新聞・一般雑誌
- 出版間隔が短いので、速報性は高め
- 新聞は時事問題に適している。新聞社によって記事の観点が異なる
- 特集記事を読めば、その出来事について、その時点でのひととおりの

知識は得られる
- 必ずしも中立でない場合がある

▶ 論文・学術雑誌
- 査読により審査されており、引用や参考文献を明記してあるため、信頼性は高い
- データベース化されることが多い
- 学術雑誌の多くはデジタル化されて、電子ジャーナルとしてインターネットを通じて読める
- 読解には専門的な知識が必要とされる場合が多い

▶ 図書（書籍）
- 編集者などのチェックを受けてから出版されるため、信頼性は高め
- 出来事が起こってから時間が経っている分、多くの情報が蓄積されている
- 出版まで時間がかかるので、速報性は低い。発行年度によっては情報が古い
- テーマによっては出来事からまだ時間が経っておらず出版されていない場合もある

▶ データベース（統計資料）
- 国や地方自治体などが発信する公的な統計は信頼性が高く、無料である
- 公的機関によって作成される統計類は、基本的に前年度の結果をまとめたものが公表される
- インターネット上でも公開が進んでいる
- 民間の企業などが専門調査をしたビジネスデータなどは、有料のものがある

Ⅱ-2 情報を批判的に考える[3]
① 捉え方・見方に偏りはないか
　同じ事柄であっても、立場や考え方によって、捉え方・見方は変わります。それが、どのような立場からの意見なのか、その見方をすることによって得をするのは誰なのか、逆に損をするのは誰なのかを吟味しましょう。その文章が書かれたねらいや前提を考えるとともに、書かれていない異なる立場からの意見や見方に常に意識を向けることが必要です。

② その根拠は、いつ、どこで、誰が、どのように発言したことなのか
　例えば、「日本人の多くがそう考えている」と書かれていた場合、その「多く」とは何人くらいのことなのでしょうか。それが調査結果の場合には、数量だけでなく、調査対象にも注意する必要があります。
　対象の年齢、性別、地域、対象数など、どのように行われた調査なのかを精査して妥当性と信頼性を確認する必要があります。

③ 形容詞や副詞は正しく使われているのか
　形容詞や副詞は書かれたことの印象を強める働きをします。「非常に」「大部分」「激減」「激増」などといった強調する表現が用いられている場合、本当に「非常に」なのか「大部分」なのか著者の主観や誇張ではないのかを注意します。もし、何か根拠があってそうした表現が用いられている場合には、そのもとになっている具体的な数値を確認しましょう。

④ どのような語尾になっているのか
　「〜らしい」「〜だと考えられる・思われる」「〜だろう」と言った断定ではない表現が使用されている場合は注意が必要になります。それらはあくまで筆者の推測の範囲であることを踏まえる必要があります。

Ⅲ 収集した情報の種類とその整理・保存

Ⅲ-1 収集した情報の種類と活用法
① 数値化した（定量）情報／数量の大きさを示す
　調査したり、実験したりするときには主に数値データが用いられます。調査や実験においてはデータを数値化して分析することが多いです。
② 言語化した（定性）情報／種類の違いや区別を表す
　インターネットや文献で調べたり、観察したり、インタビューをすることで入手できます。調査や実験で得られた数値からでは得られない言葉や行動といった重要な情報を画像などから得られます。「なぜ」「どのように」という疑問に対しての答えを知る際に有効です。

Ⅲ-2 情報の整理・保存
(1) メモを取る[4]
　メモはなぜ取るかというと、話し言葉による情報の場合はその場で消えてしまうからです。記憶に留められるのなら良いのですが、すべてを完璧に記憶することは困難です。録音するという方法もありますが、もう一度聴き直すのにかなりの時間を費やしてしまいます。簡略にメモをとっておけば重要な情報を正確に短時間で確認することができます。

重要な情報を多面的に聞き取るための視点

When（日時）、Where（場所）、Who（人物）、What（中心的な話題）Why（原因、理由）、How（手段、方法）、How much(many)（数量）

メモを作成するときの工夫すべき点

① 項目名（見出し）をはっきりと書く
何についてのメモなのかがはっきりと分かるように項目を大きく目立つ部分に書く
② 作成した日付やメモの順番を示す通し番号を書く

> メモの順序が混乱しないよう必ず書く
> ③　**数字と固有名詞に注意する**
> 数字（数量・日付など）や固有名詞は情報として重要であり、それらを間違えたり忘れたりするとその情報が後で使えなくなってしまう
> ④　**カタカナ表記や記号・矢印を利用する**
> メモを取るときには速さが必要なので適度にカタカナや記号を用いると効果的

(2) 情報を記録する[5]

　自分が発表するときに、**その内容は何で得た情報に基づいているのかその情報源を常に明らかにしておきましょう**。そのためには情報源を整理して保存しておく必要があります。情報源を明確に示せない場合には、資料も自分の考えも信憑性に欠けることになってしまいます。自分が必要になったときに、情報をすぐ取り出せるようにします。何の情報なのかどこに保存してあるかを明確にするために、次のように文献リストをつくり、保存します。

① 　見出しをつけてファイリングボックスなどに紙媒体で保存します
② 　パソコンのハードディスクや USB メモリーに PDF ファイルなどにして保存します。何かとの関連を調べたい場合や、並べ直したいなどの場合には Excel を使ってデータベースを作成しておきます。

　なお Excel では、データを項目ごとに並べ替えることのできるソート機能や自分の必要な情報だけを検索し取り出すことのできるオートフィルター機能などが利用できます。

情報を記録（整理）するときの必要項目

情報源	記録しておくこと
図　　書	著者名、書名、出版社名、出版年、掲載ページ
雑　　誌	執筆者名（記者、文責者）、記事タイトル、雑誌名、巻号数、掲載ページ
雑誌の論文	著者名、論文名、発行機関名、雑誌名、発行年月日、巻号数、掲載ページ
新　　聞	記者名、記事名、新聞社名、発行年月日、朝刊・夕刊の別、掲載面
講　　演	講演者名、講演タイトル、日時、場所、主催
インターネット資料	サイト運営主体、記事の日付、最終閲覧日、タイトル、サイトのURL

　文献を調べて必要だと感じた場合には下の文献整理表にまとめておくとまとめ・表現のときに役立ちます。

文献整理表の例

通し番号	著者名	書名、タイトルなど	
出版社名/URL		発行年	参考になったページ
気付いたことについてのメモ欄			

(3) 引用と盗用との違い[6]

　引用とは「古人の言や他人の文章、また他人の説や事例などを自分の文章の中に引いて説明に用いること」(「大辞林第三版」三省堂)とあります。引用には「直接引用」と「間接引用」があります。どちらも著者の「姓(発行年)」で出典を示します。なお、引用元の文献が共著者の場合は引用のたびに両者の姓を書きます。直接引用は、引用する文献の文言を一字一句正しく転記し、その部分を「」でくくります。引用文が句点[。]で終わっても句点は記載しません。また、間接引用は「」を使いません。引用する文献を自分の言葉でまとめ要約して書きます。ただし、自分の都合のいいように要約してはいけません。

　引用については著作権法では下の通りに定められています。

> 公表された著作物は、引用して利用することができる。この場合において、その引用は、公正な慣行に合致するものであり、かつ、報道、批評、研究その他の引用の目的上正当な範囲内で行なわれるものでなければならない。　　　　　　　　　　　(著作権法　第 32 条)

　なお、文化庁から、「引用における注意事項」として下のように示されています。

> 〈引用における注意事項〉
> 他人の著作物を自分の著作物の中に取り込む場合、すなわち引用を行う場合、一般的には、以下の事項に注意しなければなりません。
> ① 他人の著作物を引用する必然性があること
> ② かぎ括弧をつけるなど、自分の著作物と引用部分とが区別されていること
> ③ 自分の著作物と引用する著作物との主従関係が明確であること
> 　(自分の著作物が主体)
> ④ 出所の明示がなされていること　　　(著作権法　第 48 条)

　盗用とは、「他人のものを盗んで使うこと。許可を得ないで用いること」(『大辞林第三版』三省堂)とあります。

文化庁からの「引用における注意事項」が守られていなければ、意図的な場合はもちろん、そうでなかった場合でも、それは盗用であると見なされます。

　これらのことを踏まえ、引用する際は、自分の文章と引用文を明確に区別し、わかりやすく出典を明記しておくことが必要となります。

　まとめ・表現において、論文やレポートなどを作成する際、コピー＆ペーストは正しい引用の場合（引用して反論する、引用して自分の説を主張しやすくする場合）は構いませんが、**引用と明らかにしないで、自分の説として出さないようにしましょう**。そのようなときに、**情報の整理・保存及び自分の意見との区別は大切**です。情報を整理し保存する場合には、目的に応じた整理・保存が必要になります。

Ⅳ 学習指導要領における情報の収集[7]

　課題意識や設定した課題を基に、学習者が、観察、実験、見学、調査、探索、追体験などの学習活動を行うことによって課題の解決に必要な情報を収集します。**情報の収集という学習活動では、そのことを学習者が自覚的に行う場合と無自覚的に行っている場合とがあります。**

　例えば、目的を明確にして調査したりインタビューしたりするような活動や、条件を制御して行う実験などでは、自覚的に情報を収集していることになりますが、体験活動に没頭したり、体験活動を繰り返したりしている時には、無自覚のうちに情報を収集している場合が多いでしょう。

　そうした自覚的な場と無自覚的な場とは常に混在しているものの、課題の解決や探究活動の過程においては、学習者が自覚的に情報を収集する学習活動が意図的に展開されることが望ましいといえます。

　こうした場面においては、下のように学習者が配慮すべき幾つかの事項があります。

(1) 収集する情報は多様であり学習活動によって変わる

　例えば、調査したり、実験をしたりすれば数値化した情報を収集することができます。インターネットや文献で調べたり、インタビューをしたりすれば言語化した情報も手に入れることができます。実際に体験談を聞けば「便利になったのだ」「もったいないことをしているな」といった主観的で感覚的な情報が得られます。

　どのような学習活動を行うかによって収集する情報の種類が違うということであり、その点を十分に意識した学習活動が行われることが求められます。特に、総合的な探究の時間では、体験を通した主観的で感覚的な情報だけでなく、数値化された客観的な情報などを幅広く多様に収集することが大切であり、そうした情報が学習者の課題の解決や探究活動を質的に高めていくことにつながります。

(2) 課題解決のための情報の収集は自覚的に行う

　具体的な体験活動が何のための学習活動であるのかを自覚して行うことが望ましいです。体験活動自体の目的を明確にし、そこで獲得される情報を意識的に収集し蓄積することが大切です。それによって、どのような情報を収集するのか、どのような方法で収集するのか、どのようにして蓄積するのかなど、準備が整うことにつながります。

(3) 収集した情報は適切な方法で蓄積する

　数値化した情報、言語化した情報などは、デジタルデータをはじめ様々な形のデータとして蓄積することが大切です。その情報がその後の探究活動を深める役割を果たすからです。収集した場所や相手、期日などを明示して、ポートフォリオやファイルボックス、コンピュータのフォルダなどに蓄積していきます。その際、個別の蓄積を基本とし、必要に応じてホームルームやグループによる共同の蓄積方法を用意することが考えられます。

　一方、適切な方法で蓄積することが難しいのは感覚的な情報です。体験活動を行ったときの感覚、そのときの思いなどは、時間の経過とともに薄れていき、忘れ去られます。しかし、そうした情報は貴重なものであり、その後の課題解決に生かしたい情報でもあります。

　したがって、体験活動を適切に位置付けて行うだけではなく、体験で獲得した情報を作文やカードなどで言語化して、対象として扱える形で蓄積することにも配慮が必要です。

　また、こうした情報の収集場面では、各教科・科目等で身に付けた知識や技能を発揮することで、より多くの情報、より確かな情報が収集できます。

　なお、情報の収集に際しては、必要に応じて教師が意図的に資料等を提示することも考えられます。

Ⅴ 情報の収集の主な方法

　知らないことに遭遇したときに大きく分けて二つの方法をとることがあります。一つは文献で言葉の意味や過去の事例を調べることです。もう一つは自ら調査をすることです。

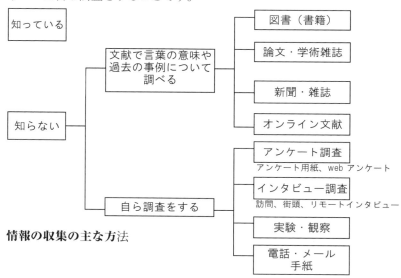

情報の収集の主な方法

Ⅴ-1 文献で言葉の意味や過去の事例を調べる
(1) 読解力

　文部科学省では、2005（平成17）年にPISA（読解力）の結果を受けて、その結果分析と改善の方向の中で、**読解力について、「自らの目標を達成し、自らの知識と可能性を発達させ、効果的に社会に参加するために、書かれたテキストを理解し、利用し、熟考する能力」と定義**をしました。

　そのねらいとして、**文章のような「連続型テキスト」及び図表のような「非連続型テキスト」**を幅広く読み、これらを広く学校内外の様々な状況に関連付けて、組み立て、展開し、意味を理解することとしています。

この読解力の特徴を次のように挙げています[9]。

- テキストに書かれた**情報を理解するだけでなく**、「**解釈**」し、「**熟考**」することを含んでいる
- テキストを単に読むだけでなく、**テキストを利用したり、テキストに基づいて自分の意見を論じたりする**ことが求められている
- テキストの**内容だけでなく、構造・形式や表現法も、評価すべき対象**となる
- **テキスト**には、文学的文章や説明的文章などの「**連続型テキスト**」だけでなく、図、グラフ、表などの「**非連続型テキスト**」を含んでいる

(2) 文献を調べる際の文章の読み方[9]

　文章の読み方についてさまざまな方法があります。これらの方法をしっかりと理解し、目的に応じた使い分けをすれば、より効率的に情報収集を進めることができます。

　文献の一般的な読み方として2つのタイプがあります。

① エクステンシブ・リーディング

> **エクステンシブ（extensive）とは「広範囲な」**という意味。
> 文章の細部にこだわらず、内容全体を手早く把握するように心がける読み方をエクステンシブ・リーディングという

　この読み方で、テーマに関係する文献を、できるだけ幅広く、たくさん集めて、大雑把に内容を把握していきます。その際、あまり細部にこだわらず、内容全体を手厚く素早く把握することが重要です。そして、できるだけたくさんの関連文献に目を通していくのです。レポート作成や発表の際の調査においてこの読み方は効果的です。また、エクステンシブ・リーディングでは幅広く情報を集めるために二つの方法があります。一つは「スキミング（飛ばし読み）」です。これは文献全体にざっと目を通し、その文献の内容を大雑把につかむ方法です。もう一つは「ス

キャニング（検索読み）」です。特定の情報に狙いを絞って、文献を検索していく方法です。目的に応じて、この二つの方法を使い分けることで、効率的に調査することができます。

② **インテンシブ・リーディング**

> **インテンティブ（intensive）とは「集中的な」という意味。**
> 読む本を厳選して内容を細かくチェックしながら時間をかけて理解していく読み方をインセンティブ・リーディングという

　インテンシブ・リーディングでは、読むべき文献を精選し、内容を細かく分析しながら、時間をかけて丹念に読んでいく方法です。この方法は、まずエクステンシブ・リーディングによって読む必要のある文献を絞り込んでから行うと効果的です。エクステンシブ・リーディングにより、文献の大意はすでに把握していますから、その情報をもとに、本当に必要な部分に焦点を絞って、丹念に内容を読んでいきます。なお、読むべき文献があらかじめ与えられている場合でも、事前にスキミングを行い、大意を把握したうえで、インテンシブ・リーディングに入るとよいでしょう。なぜなら、文章全体の中には、必ずしも精読しなくてもよい、重要でない部分が含まれているからです。この重要でない部分を丹念に読んでもあまり意味はありません。インテンシブ・リーディングを行う際には、どの部分を丹念に読んでいくかという、重要な部分とそうでない部分とを区別することが大切です。

> ① **わからない言葉の意味**
> チェックしておいたわからない言葉の意味を調べたら、それを余白に書いておく
> ② **疑問点**
> よくわからない部分についても、どの点がわからなかったのかを具体的にメモしておく。後で考えるときに便利
> ③ **ポイント**
> 内容のまとまりごとに、そのポイントを余白に書き込んでおく。全

体のつながりがひと目でわかるようになる
④　囲みや矢印を使い、視覚的にする
マークだけでなく、線を利用し、できるだけ視覚的に内容を把握できるようにしておく。まとまりのある部分を線で囲んだり関係ある部分を線や矢印で結んだりする。そうすることで、文章のまとまりや、相互の関係が一目でわかるようになる

(3) 文章の構造を分析する[(10)]

インテンシブ・リーディングにおいては、文章それぞれの内容を正確に理解するだけでなく、全体の構造も正確に把握する必要があります。文章の各部分は全体の構造との関連で初めて意味を持つものだからです。精読するときには、文章全体の構造がどうなっているかを、常に気にしながら読んでいくことが大切です。文章の構造を把握するためには、文章構造を視覚的に図式化することが重要です。文章と文章の関係を図によって示すことで、議論の流れがより明確になり、複雑な構造を持った議論でも、比較的容易になります。

文章の構造を分析するフロー

①各段落の内容を簡潔にまとめる → ②段落をグループ化する → ③各部分の関係を考える → ④構造を図式化する

① 　**各段落の内容を簡潔にまとめる**
　段落ごとにその内容を把握します。その段落で言われていることで、最も重要なことは何かを考えながら、その内容を的確なフレーズで表現します。段落のキーワードを探し出してそれを入れましょう。

② 　**段落をグループ化する**
　段落同士のつながりに注意しながら、段落をグループ分けし、段落ごとに短い表題を付けます。

③　各部分の関係を考える

各部分がどんな意味を持つもの(役割)なのかを分析します。
　　主張：書き手の意見を述べている部分です
　　理由：意見を述べる場合は理由が必要になります。根拠となる考え
　　　　　方や裏付けとなるデータなどが示されます
　　説明：事柄の内容や意味をよく分かるように解き明かします。主張
　　　　　した内容に対して、よくわかるように詳しく述べられます
　　具体例：抽象的な内容のことを説明するときに、わかりやすく説得
　　　　　　力のあるものにするために例が紹介されます

④　構造を図式化する

各部分の関係をわかりやすく図式化します。図式化については各部分の役割と相互の関係を視覚的に理解できるように工夫します

V-2 自ら調査する

(1) アンケート、インタビュー、観察・実験の比較

	調べたい内容	メリット	デメリット
アンケート	複数の人の意見や考え方を知りたい	定型化することで安定した回答が得られる。多数の人に同時に調査ができる	集計データを正しく理解・解釈するために統計の知識が必要
インタビュー	特定の人の意見や考え方を深く聞きたい	その分野に詳しい人から深い情報を得られる	インタビュー対象者を慎重に決める必要がある
実験・観察	対象に与える刺激や時間によって起こる変化を知りたい	変化の有無がはっきりわかる	特別な器具や専門的な技能を持った人の協力が必要な場合がある

(2) アンケート [11] [12]

① アンケート調査の特徴

アンケートは、予め用意した質問に対して、一度に多くの対象者から回答を得ることができます。調査対象の傾向を調べることで、事実を確認したり、課題を発見したり、課題を解決するときの手がかりになったりします。結果を集計することで様々に活用することができます。考察する際には、アンケート結果の数字だけで判断することのないよう、様々な他の資料などと組み合わせて考えるとよいでしょう。結果の処理については専門的な知識が必要になる場合もあります。

② アンケート調査の手順

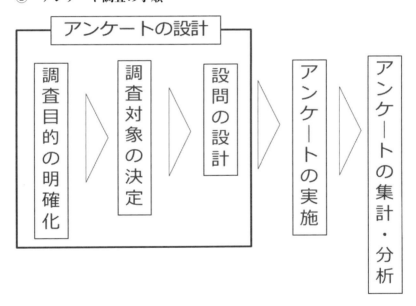

▶ **調査目的の明確化**

はじめに、アンケートは何のために、その結果としてどんなことを知りたいのかを明確にします。これにより、いつ、誰を対象に、どこの地域で、どのようなアンケートを行うかが決まります。目的を明確にしな

いまま調査をすると、求めるデータと回答との間にズレが起きて有効な結果が望めません。

▶ **調査対象の決定**

調査の目的が明確になったら、誰に対してアンケートを行うのか調査対象を定めます。誰にアンケートを実施すれば、知りたいことが明らかになるのか、いろいろな特徴を持った対象者がいることを踏まえて対象者を決めます。また調査のサンプル数はどの程度必要なのか、調査の目的から逆算して決めていきます。

▶ **設問の設計**

設問の設計はアンケート作成の核となる重要なステップです。大切なのは自分の得たい情報が集められる質問になっているかです。まず、対象者の心理・行動を想定して仮説を立て、どのような質問をしたらよいのか十分に検討して質問と選択肢を作ります。「アンケートの質問と選択肢の作り方」は後で説明します。

▶ **アンケートの実施**

アンケートの方法には、Webフォーム、郵送、電話、対面調査など、さまざまな種類があります。調査対象者の特性、アンケート実施のタイミングを考慮して、ふさわしい方法を選びましょう。

〈アンケート用紙での回答〉

専用の用紙に回答を記入してもらう方式のアンケートは、手軽であり、幅広い年代の人に回答してもらいやすいのが特徴です。特に、パソコンやスマートフォンに慣れていない人にも回答してもらうことができます。

デメリットとして考えられることは、
- 回答してもらった結果の集計や分析に手間がかかる
- 回答を入力している際に、誤字脱字や判読不能な手書き文字がある
- 大量のアンケート用紙を作る場合、コストがかかる

〈webアンケートでの回答〉

パソコンやスマートフォンからwebアンケートで回答してもらう方

法です。紙に出力しないのでコストを削減できます。なお、集めた回答を簡単に集計することが可能です。誤字や脱字が少ないので、有効回答が減ってしまうことはあまりありません。

　デメリットとして考えられることは、
- 事前に専用の web ページを作成したり、システムを準備したりしなければいけない
- パソコンやスマートフォンに不慣れな人からの回答は得られにくい。回答率は激減します

▶　アンケートの集計・分析

　アンケートの結果を有効活用するには、的確な集計・分析が重要です。調査目的に合った適切でわかりやすい集計表やグラフを表計算アプリにより作ることで、分析がしやすくなります。なお、分析をするときは客観的にデータを読むことを心がけます。

③　設問設計の 3 つのポイント

　回答者がストレスなくスムーズに回答できる質問や選択肢が有効な調査結果を得ることにつながります。

ⅰ　シンプルな設問を心がける

　ひと目で質問の主旨が理解できない設問や、いくつものことを聞く複雑な設問の場合、回答者は深く考えることが面倒になるため、適当に答えるリスクが高まります。できるだけシンプルに、見てすぐに質問の意図が分かり答えられる設問にするよう心掛けましょう。

　なお、1 つの設問で複数のことは尋ねません。

ⅱ　設問の数はできるだけ絞る

　設問は必要なものだけに絞りましょう。設問が多い場合、回答者が「早く終わらせたい」と思って適当に回答してしまう可能性があります。

ⅲ　回答者が答えやすい選択肢を用いる

　回答の形式にも気を配りましょう。一般的には以下のような回答形式

があります。聞きたい内容によって適切なものを選びます。

〈単一選択回答〉
　回答を選択肢のなかから1つだけ選ばせます。回答者の思考にかかる負担が最も少なく、回答率が高い形式です。
　例：あなたが生まれた元号に〇を付けてください。
　1. 大正　2. 昭和　3. 平成　4. 令和

〈2択〉／「はい」「いいえ」で答えられることが明確である場合
　例：あなたはディズニーランドが好きですか。
　1. はい　2. いいえ

〈評定〉／（リッカート／4件法・5件法など）満足度や好き嫌いの度合いを聞きたい場合
　例：ミッキーマウスは好きですか。
　1. とてもあてはまる　2. あてはまる　3. あてはまらない　4. まったくあてはまらない

〈複数選択回答〉
　選択肢のなかから当てはまるものをすべて（または指定した数まで）選択させる形式です。
　例：ディズニーランドで好きなものに〇を付けてください。（いくつでも）
　1. アトラクション　2. パレード／ショー　3. キャラクターグリーティング　4. グッズ／ショップ　5. レストラン

〈順位回答〉
　質問者が用意した選択肢に順位を付ける形式です。
　例：ミッキー＆フレンズのキャラクターの中で好きな順に番号を書いてください。
　1. ミッキーマウス　2. ミニーマウス　3. ドナルドダック　4. デイジーダック　5. グーフィー

〈自由回答〉

　自由に記述（回答）させる形式でフリーアンサーとも言います。生の意見を聞くことで、こちらが想定していない課題が見つかる場合があります。ただし回答者に考えさせる度合いが大きいため、自由記述の質問が多くなると、無回答や適当な回答が増える傾向があります。

例：あなたがディズニーランドへ行きたい理由について自由に述べてください。

④　アンケート実施前と実施後のまとめ
▶　**実施前**
・目的を明確にし、調査対象とする人間や調査対象の必要人数などについて検討
・調査のやり方の決定（アンケート用紙に記入、電話、パソコンなど）
・アンケート作成のポイント
ⅰ）アンケート項目、ⅱ）答え方（選択か記述か）、ⅲ）選択肢の決定
※**アンケート作成の際の留意事項**
(1) 質問項目の順に配慮（できれば、答えやすいものから順に並べる）
(2) 質問文は明瞭簡潔
・意味や範囲が不明確な言葉は使わない（時々、しばしば、たまになど）
・一つの質問項目で複数のことを聞かない（例：「学校の雰囲気と家からの距離はいかがでしたか」等）
(3) 回答時間が相手の負担にならないように工夫
(4) 回収しやすいように工夫（QR コード、切手付き封筒を同封等）
・実施依頼書の作成

第 7 章　情報の収集

相手を配慮した調査協力の依頼と必要に応じて、個人情報保護法に基づいた文言（「このアンケートはこの目的以外には使用しません」等）を入れる

▶ **実施後**
・結果の集計と分析をする
・協力対象者にお礼状を送る
・必要に応じてどのように使い、どのような結果が出たのかを協力対象者に報告する

(3) インタビュー[13]

① **インタビュー調査の特徴**

　二人かそれ以上の間での会話で、一方が他方に質問をして情報を得るために行われるものです。インタビューは、ある物事に対してその人がどのように考えているかを質問したり、また、ある注目の人物が何を考えているかを質問することによって、その人の人となりを浮き彫りにしたりするために行います。

② **インタビューの目的の明確化**

　自分が何を知りたいのかを明確にし、いつ、どこで、誰に、どのようなインタビューを行えば、適切な情報を収集できるかを考えます。

③ **インタビュー実施の手順**

> **実施前**
> ・調査目的を明確にして、誰に何を聞くのがよいのかを検討する
> ・調査する対象者が決まったら依頼する（調査者の氏名、身分、所属を明らかにする）
> ・調査の趣旨説明、調査研究の目的や意義について対象者に説明する
> ・アポイントメント（いつ・どこで・どのくらいの時間が取れるかの確認）を取る

- 聞きたいことや相手のことについてよく調べ、質問項目を整理しておく
- 聞きたい項目や質問する順番を考える

実施
- 挨拶し、必要に応じて記録のために録音録画の許可を求める
- 相手の様子を見ながら、自分の聞き出したいことについて誠意をもって質問する
- 質問したいことを明確にして質問する
- ポイントとなりそうなことはより詳しく尋ねるようにする
- 自分の言葉で置き換えてみて、相手の言いたいことを自分が理解しているかを確認する
- メモを取る（記録する目的とは別に「話を聞いている」という姿勢を伝えることができる）

実施後
- 発言内容を忠実に文字化したものを作成する
- 調査の目的と照らし合わせながら、インタビュー内容をまとめていく
- 内容について、解釈の違いがないか参加したメンバーで確認する
- インタビュー内容の解釈が間違っていないか、確認してもらうとともに、活用の仕方を報告する
- 文字にして先方が確認できるようにし、完成品をお礼状とともに送る

④ **インタビューの仕方**

　インタビューにおいて、留意すべきことのひとつは、どのような態度で相手の話を聞くかということです。聴き方によって、インタビューを

受ける相手が話しやすかったり、話しにくかったりします。もうひとつは、質問の仕方です。質問は、わからないことを教えてもらうだけのものではありません。効果的な質問をすることによって、相手もそれまで気づかなかったような考えが思い浮かんだり、話が発展したりします。

　質問の仕方として**オープン・クエスチョンとクローズド・クエスチョン**があります。

オープン・クエスチョン
質問に対する答え方が決まっておらず、回答者が自由に答えられる質問の仕方です。例えば、「○○についてどう思いますか」「○○とはどういうことですか」などです

クローズド・クエスチョン
「はい」又は「いいえ」、あるいは簡単な一言で答えられる質問の仕方です。例えば、「○○に賛成ですか」「就職されて何年目ですか」などです

　以下に、聞き方と質問の仕方についての演習問題を2つ示します。

【演習1】
どのようにして聞くと相手は話しやすいかを体験しながら考えましょう。相手の話を「聴く」練習をしてみましょう。3人1組になり、聞き手、話し手、観察者を決め、それぞれ異なる役割を果たしながら、どのような状況がそこに起こるかを考えてみましょう。〈例1〉〈例2〉〈例3〉とそれぞれ役割を変えて、合計3回行ってください。

〈例1〉
話し手は、自分が最近一番うれしかったことを話してください。
そのとき聞き手は、つまらなそうな顔をするとか、否定的な言葉を投げ

かけてください。例えば、「でもね」「そんなこといってもね」など、とにかく否定的に。**時間は 90 秒です**

＊次の話し手・聞き手・観察者の欄はコピーして、〈例2〉〈例3〉の演習のときに使用してください

```
話し手



```

```
聞き手



```

```
観察者



```

〈例2〉
話し手は、自分にとって、一番大切にしていることを話してください。そのとき、聞き手は、絶対に否定しないで、とにかく相槌を打って、その話に同意してください。**時間は 120 秒です**

〈例3〉
話し手は、最近一番困っていること、悩んでいることを話してください。そのとき聞き手は、自分の考えを言わずに、話の節々で、相手の話を掘り下げるような質問をしてください。**時間は 180 秒です**

〈例4〉
どのようにして聴くことが相手は話しやすいかについて実際に行うことで得られた新しい気づき（学び）を下にまとめてください

```
┌─────────────────────────────────────┐
│                                     │
│                                     │
│                                     │
│                                     │
│                                     │
└─────────────────────────────────────┘
```

【演習2】
どのように問いかければ相手は話しやすいか体験しながら考えましょう。質問者と回答者の役割を決め、下の〈例1〉〈例2〉を交互に行ってください。その後、オープン・クエスチョン、クローズド・クエスチョンのメリット・デメリットについて、感じたことを話し合ってください。

〈例1〉2人組になり、互いに動物をイメージしてください。一方が回答者、もう一方が質問者になります。質問者は2分間、その動物名を当てるための問いかけを回答者にしてください。ただしそれは「はい」か「いいえ」で答える質問をしてください。質問者が2分間の問いかけが終わったところで回答者がイメージした動物の名前を質問者は当ててください。質問者と回答者は交代します。

〈例2〉2人組になり、互いに動物をイメージしてください。一方が回答者、もう一方が質問者になります。質問者は4分間、その動物名を当てるための問いかけを回答者にしてください。ただしそれは「はい」か「いいえ」では答えられない質問をしてください。質問者が4分間の問いかけが終わったところで回答者がイメージした動物の名前を質問者は当ててください。

〈例1〉のように「はい」か「いいえ」でしか答えられない質問をクローズド・クエスチョンといい、〈例2〉のように「はい」か「いいえ」では答えられない質問をオープン・クエスチョンといいます。それぞれの質問の仕方で感じたことをグループで話し合ってください

```
クローズド・クエスチョンのメリット・デメリット



```

```
オープン・クエスチョンのメリット・デメリット



```

質問の仕方で感じたことをグループで話し合いまとめてください。

```



```

⑤ インタビューの仕方のバリエーション

　一般にクローズド・クエスチョンは答えやすいですが、話が広がったり、深まったりしにくい特徴があります。オープン・クエスチョンは話の広がりや深まりを促すことはできますが、答えにくかったり、収束し

にくかったりなどの特徴があります。**クローズド・クエスチョン、オープン・クエスチョンの質問を組み合わせる**ことによって、インタビューの仕方にバリエーションを作ることができます。

インタビューの仕方のバリエーション例

- オープン→オープン　　話を広げるとき
- オープン→クローズド　観点を探してから話を絞るとき
- クローズド→オープン　観点を絞ってから話を深めていくとき
- クローズド→クローズド　曖昧な点を絞り込んでいくとき

V-3 観察・実験・調査 [14]

　理科や数学の分野に関係する実験・観察・調査については、「理数探究基礎」を参考にするとよいでしょう。探究の過程における情報の収集については、「理数探究基礎」の課題解決の過程（仮説の設定⇒検証計画の立案⇒観察、実験、調査等⇒結果の処理）になります。

① 観察、実験、調査等についての技能

　学習者は観察、実験、調査等を自身で行えるように、その基礎となる下の知識・技能を教師から学び、身に付ける必要があります。

観察、実験、調査等の基礎となる知識・技能

- 安全かつ正確に使用できるよう観察、実験器具の基本的な操作や、データを収集する方法、サンプルの抽出方法など
- 観察、実験の目的を明確にして適切に条件制御等を行い、見通しをもった計画の立て方。その際、データの質を高め、データの量を集めて観察、実験、調査等の信頼性を高めるようにする
- 得られたデータについて、事後の再現性を意識させ、適宜写真や動画なども用いつつ、活動の日時、内容も含め、後で確認ができるよう結果等を全て記録に残す

図表 7-1 資質・能力を育むために重視する数学・理科にわたる学習過程のイメージ（中央教育委員会答申を一部修正）

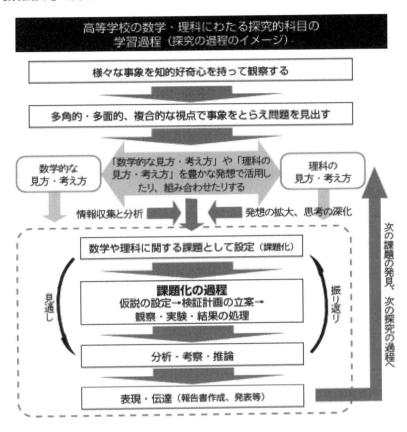

② 課題解決の過程

　課題解決の過程としては、はじめに仮説を設定し、どのように検証していくかの計画を立案します。それに基づいて、観察、実験、調査等を行い、その結果を処理します。

- 仮説が立てられたら、検証計画の立案を行う。その際、類似の先行研究などを参考にして、仮説を検証するために、どのような観察、実験、調査等を行い、どのような分析を行うかなどを見通す
- 与えられた条件（時間や環境）の中で検証するためには、利用できる機材や材料、得られる情報、用いることができる知識及び技能、検証に要する時間などを把握する
- 検証計画の立案が困難な場合も考えられるが、粘り強く考えさせ、教師や他の学習者と意見交換などを通して、探究の方向性を再検討したり、方法を工夫したりすることで、解決の糸口を見いだす

③ 観察、実験、調査等の結果の捉え方

仮説は、事実に沿って検証されるので、観察、実験、調査等の適切な手法によって、データの信頼性が保証されている必要があります。

- 観察、実験、調査等の結果から仮説が支持された場合は、仮説を暫定的に正しいとして、更に広い対象に適用できるかを検討する
- 観察、実験、調査等の結果から仮説が支持されない場合は、仮説を棄却し、新たな仮説による課題の解決を行う

ただし、仮説が支持されないと学習者が判断している場合でも、検証方法が妥当であったか、得られた結果が信頼できるものであったかなどを再確認させる必要があります。

【引用・参考文献】
(1) 山田剛史ほか．大学生のためのリサーチリテラシー入門―研究のための8つの力．ミネルヴァ書房．2011．p．66-68
(2) 市古みどりほか．アカデミック・スキルズ資料検索入門レポート・論文を書くために．慶応義塾大学出版会株式会社．2014．p.37-40
(3) 市古みどりほか．アカデミック・スキルズ資料検索入門レポート・論文を書くために．慶応義塾大学出版会．2014．p.49-51
(4) 河合塾PROG開発プロジェクト．問題解決のためのリテラシー強化書．河合塾．2013．p.20-21

(5) 河合塾 PROG 開発プロジェクト. 問題解決のためのリテラシー強化書. 河合塾.2013.p.24-25

(6) 浅川倉方法律事務所. 引用と盗用（転載）の違いは？ https://fuhyotaisaku-law.com/
basic-term/quotation-reprinted-for-stealing 最終閲覧日 2024.5.02

(7) 文部科学省. 高等学校学習指導要領（平成 30 年告示）解説総合的な探究の時間編. 学校図書.2019.p.125-126

(8) 文部科学省.「平成 16 年度臨時全国都道府県・指定都市教育委員会指導主事会議」配布資料/資料 4-6 PISA（読解力）の結果分析と改善の方向（要旨）.2005

(9) 中澤務ほか. 知のナヴィゲーター. くろしお出版.2007. p .45,p.51-53

(10) 中澤務ほか. 知のナヴィゲーター. くろしお出版.2007. p .53-55

(11) 登本洋子ほか. 改訂版 学びの技 14 歳からの探究・論文・プレゼンテーション. 玉川大学出版.2023. p .52-57

(12) 河合塾 PROG 開発プロジェクト. 問題解決のためのリテラシー強化書. 河合塾.2013.p.25-27

(13) 河合塾 PROG 開発プロジェクト. 問題解決のためのリテラシー強化書. 河合塾.2013.p.28-29

(14) 文部科学省. 高等学校学習指導要領（平成 30 年告示）解説理数編. 東京書籍.2019.p.14,p.20-23,p.40-42

第8章

整理・分析

I 整理とは、分析とは [1]

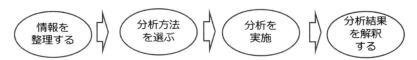

　探究の過程の一つである整理・分析は、情報の収集によって収集した多様な情報を、整理したり分析したりするプロセスであり、そこでは、思考や判断をする学習活動が行われています。

> **整理**
> ・課題を解決するために収集した情報が必要かどうかを判断し取捨選択すること
> ・解決の見通しにしたがって、収集した情報を順序よく並べたり、書き直したりすることなどを行うこと
>
> **分析**
> ・整理した情報を基に、比較したり、分類したりして傾向を読み取ったり、因果関係を見つけたりすること

　収集した情報は、一般にそれ自体はつながりのない個別なものが多いです。そのために、必要に応じて、それを種類ごとに分けるなど整理したり、細分化し因果関係を導き出すなど分析したりすることがあります。このような活動を行うことで、整理・分析の過程において、思考力や判断力が身に付くといわれています。

Ⅱ 整理・分析を行うときの留意事項 (2)

Ⅱ-1 学習者自身が情報を吟味する

　自分が見たこと、人から聞いたこと、図書やインターネット等で調べたことなど、様々な情報が集まってきます。特に情報通信技術の発達により、インターネット等で大量の情報に接することが容易となった今日においては、どのように入手した情報なのか、どのような性格の情報なのかということを踏まえて整理を行うことが必要になります。

　図書やインターネット等で示されている情報をそのまま客観的な事実として捉えがちですが、実際には、統計などの客観的なデータや当事者が公式に発表している一次情報だけでなく、誰かの個人的な意見であったり、他所からの転用であったりする情報も多くあります。

　したがって、**一旦収集した情報を整理する段階で吟味することが重要**になります。

Ⅱ-2 情報の整理や分析を行う方法を決定する

　情報の整理の仕方は数値化された情報と、言語化した情報とでは扱い方が違ってきます。また、情報の分量が多いか少ないかによっても扱い方は変わってきます。

　したがって、情報に応じて適切な整理や分析の方法を考え、選択する必要があります。

数値化された情報の場合

・統計的な手法でグラフにする。使われるグラフは、折れ線グラフ、棒グラフ、円グラフ、ヒストグラムなど様々なものがある
・標本調査の考え方を利用して母集団の傾向を探る
・表計算ソフトを使って情報を処理する（ICT の活用）

> **言語化された情報の場合**
> ・カードにして整理する方法、出来事を時間軸で並べる方法、調査した結果をマップなどの空間軸に整理する方法など
> ・複数の整理された情報を関連付けることなど

Ⅱ-3　言語化された情報の整理・分析は意識的に「考えるための技法」を活用する

　特に、言語化された情報を整理したり分析したりするときに、比較して考える、分類して考える、序列化して考える、類推して考える、関連付けして考える、原因や結果に着目して考える、などを意識しながら行うことが重要なことです。

　平成30年版高等学校学習指導要領第4章総合的な探究の時間第3の2の（4）では、

> **探究の過程においては、他者と協働して課題を解決しようとする学習活動や、言語により分析し、まとめたり表現したりするなどの学習活動が行われるようにすること。**
> **その際、例えば、比較する、分類する、関連付けるなどの考えるための技法が自在に活用されるようにすること。**

と記載されていますが、言語化された情報を分析する際は、何を、どのように考え、整理・分析したらよいのか、まずは「考えるための技法」のうち、どれを活用したらよいのかを考え、それを可視化するための思考ツールとしてどれを活用したらよいのか選択する必要があります。「考えるための技法」を活用することで、整理・分析の場面での学習活動の質を高めることができ、その結果として、未知の状況にも対応できる思考力・判断力・表現力等を身に付けることができると考えられています。

Ⅱ-4　情報の整理・分析の過程を通して思考力等を身に付ける

　情報の収集の過程において、様々な方法で収集した多様な情報を整理

したり分析したりすることを通して、思考する活動へと高めていきます。収集した情報は、相互につながりのない個別なものです。それらの情報は、設定した課題と照らし合わせたときに、適していないものを含んでいたり、偏っていたり、不足していたりする場合もあります。

　整理・分析の過程においては、収集した情報の特徴を明確にしながら種類ごとに分けるなどして整理したり、一面しか見えていなかった情報を多面的に見えるようにしたり、細分化したりすることで、因果関係を導き出して分析したりします。

　特に言語化された情報には、このような学習活動を経ることで、学習者は収集した情報を比較したり、分類したり、関連付けたりして情報の整理を行います。情報を活用した活発な思考の場面であり、こうした学習活動を適切に位置付けることが重要です。

Ⅱ-5　整理・分析のチェックリスト

- どのような情報が、どの程度収集されているかを把握できたか
- どのような方法で情報の整理や分析を行うのかを決定できたか
- 言語化されたデータの分析では「考えるための技法」の活用を意識したか
- 適切に思考ツールの選択ができたか
- 整理・分析の際、様々な教科・科目等での学習成果を生かすことができたか
- 課題の解決や探究活動の過程を振り返り、自分の取組と設定した課題との整合性を点検することができたか

Ⅲ 整理・分析の目的及びその具体的な方法 (3)

Ⅲ-1 整理・分析の目的及び具体的な方法の考え方

　収集した情報はどのような種類の情報なのか、どのような目的でその情報を分析するのかを明確にして分析するのに最も適した方法を選びましょう。大きく分けて、数量化された情報なのか、言語化された情報なのかによって分析方法が異なります。また、分析は設定した課題を解決するために行うものですから、それらの情報は、設定した課題と照らし合わせたときに適したものであることが必要です。例えば、設定した課題と照らし合わせたときに適していないものであったり、偏っていたり、不足していたりするときには情報の収集の過程に戻ってもう一度行う必要があります。設定した課題にうまく対応していない結果が出た場合には、自分自身の考えとしてまとめたり、他者に伝えたりすることが難しくなる場合があります。自分はどのような目的で分析したいのかをしっかり考えてから分析方法を選びましょう。

Ⅲ-2 整理・分析の具体的な方法の概要

　言語化された情報を整理・分析する場合には、**第5章の考えるための技法を意識して**使いながら考えていくことが大切です。その際、考えるための技法を可視化するために最適な思考ツールを選択して分析を行います。なお、言語化された情報であっても、それぞれの数を数えて割合を見るときには定量分析として行うこともできます。

　数値化された情報を整理・分析する場合には、統計的な手法でグラフにします。使われるグラフは、折れ線グラフ、棒グラフ、円グラフ、ヒストグラムなど様々なものがあるので、どのグラフを使ったら課題解決のためによいのかグラフの特徴を理解しておくとよいでしょう。また、母集団の傾向を探ることや、相関関係はあっても因果関係がない場合があるので解釈する際には留意しましょう。

表計算ソフトは数値化された情報を可視化するためにグラフにするとき便利で有効です。

図表 8-1　分析の目的とその方法

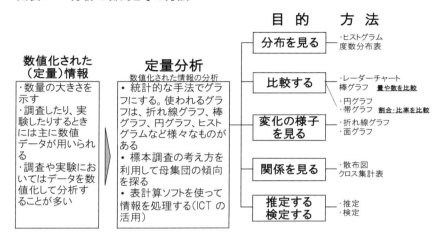

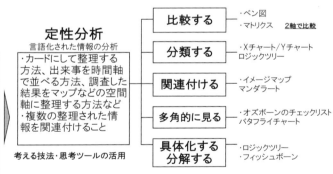

出典：ベネッセ「探究ナビ」,p76-77 を基に著者作成

Ⅲ-3　数値化された情報の分析（定量分析）
(1)　定量分析で使われるグラフ

　グラフは数値化された情報をまとめ視覚的に分かりやすくするための有効なツールです。目的や集めるデータによって、様々な種類のグラフを使い分けることができます。まずは「何のためにデータをグラフ化するのか」を明らかにすることです。それをすることで、課題解決に向けた適切なグラフを見付けることができるのです。ですから、データをグラフで可視化する前に、立てた課題の解決に対応したグラフなのか明確化しましょう。

　なお、グラフの種類を目的によって大雑把に分けると、「分布をみる」「比較する」「推移をみる」「関係性をみる」「割合や比率をみる」などになるので、目的にあったグラフを選びます。整理・分析の過程では、目的に応じた分析を行い、その結果を正しく読み取ってどう解釈するかがポイントになります。

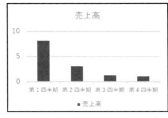

棒グラフ（比較）
量の大小を棒の高さで表す。項目ごとのデータの大小を比較する

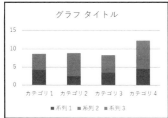

積み上げ棒グラフ（比較）
項目ごとのデータの大小を複数の要素でまとめて比較するとき使うグラフで、棒の高さで項目ごとのデータの大小を表す

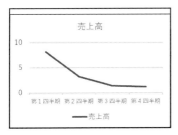

折れ線グラフ（推移）

グラフ線の傾きで増減を表す。時間の経過などによる変化を表すとき使う。縦軸に数量、横軸は時間などを取る

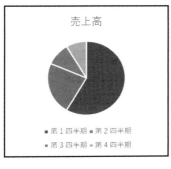

円グラフ（割合／比率）

全体に対する項目の割合や比率を表す扇形の中心角の大きさで項目ごとの割合の大小を表す

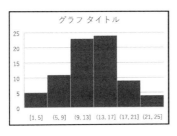

ヒストグラム（分布をみる）

データの散らばり具合（分布状況）を表すときに使う。度数分布表の階級と度数から作る。横軸は階級、縦軸はデータの度数

レーダーチャート（割合／比率）

複数の指標をまとめて表す。また、平均と比較したときにどの項目が大きいか等をわかりやすく表す

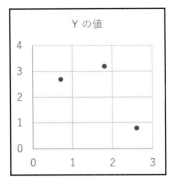

散布図（関係性）

横軸と縦軸にそれぞれ別の量的データをとり、両方の性質を持ったデータがあてはまるところに点を打つ。2つの量に関係があるかどうかを確認するときに使う

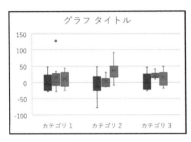

箱ひげ図（比較）

「最小値」「第1四分位数」「中央値」「第3四分位数」「最大値」の5つの値を使って、データの大まかな範囲を表す。複数のデータを比較する時に適している

(2) 代表値

代表値とはデータ全体を代表する値、あるいはデータの分布の中心的に位置する値のことです。代表値はデータの分布をひとつの値で表すことができる値なので、複数のデータの代表値どうしは比較しやすく、イメージしやすいです。代表値には、平均値、中央値、最頻値などがあります

▶ **平均値（算術平均）**

各データを全て足し合わせて、データの数で割った数値です。最も計算しやすいが、外れ値の影響を受けやすい。平均とはデータの重心であり、測定されていない値になることがほとんどです

▶ **中央値（メディアン）**

データを大きな値から小さな値へと順番に並べたときに、データ全体

の真ん中に位置する値です。データが奇数個の場合はちょうど中央に位置する値ですが、偶数個の場合は中央に位置する2つの値の平均値が中央値となります

▶ **最頻値（モード）**

頻度が最大となるデータの値（個数が一番多い値）です。最頻値は複数出るなどの問題が生じることがあるので解釈には注意が必要です

この3つの基準は、どれも「平均」として発表できますが、与える印象はかなり異なります。ただし、こういったことは、悪意の有無に関わらず日常的には起こっていることです。

(3) 相関関係と因果関係

相関関係とは、「横軸のデータの応現に合わせて、縦軸のデータも増減する」関係を指します。例えば、「数学のテストの得点が高い人は物理の得点も高い傾向がある」といった2種類のデータの関連を示します。一方が他方との関係を離れては意味をなさないようなものの間の関係、つまり、Aが増えたらBも増える（もしくは減る）という関係のことです。

また、因果関係とは、「片方の変化が原因でもう片方の変化の原因が起きる」関係を指します。例えば、「気温が高いときほどアイスクリームが売れる」といった片方を原因としてもう片方のデータが変わる、という原因と結果の関係を示します。原因とそれによって生ずる結果との関係、Aが増えるとBが増えるという関係のことです。

グラフの読み取りで注意が必要なのは、相関関係が読み取れるからといって、因果関係も事実として読み取れるとは限らないということです。相関関係にある2つの要素以外にも関わる要素がないか周辺のデータも合わせて確認する必要があります。

Ⅲ - 4　言語化された情報の分析（定性分析）

　収集した情報のうち、数量以外の情報について、その内容から特徴を洗い出し、課題の解決にとってその情報が必要かどうかを判断し取捨選択することや、解決の見通しにしたがって情報を順序よく並べたり、書き直したりして整理をします。

　さらに、整理した情報を基に、比較して考える、分類して考える、類推して考えるなどをして傾向を読み取ったり因果関係を見付けたりします。また、複数の情報を組み合わせ考えたり、関連付けして考えたりして、新しい関係性を創り出すこともあります。その際、**第5章の「考えるための技法と思考ツール（シンキングツール）」を参考にしながら、適切な「考えるための技法」や思考を可視化するための「思考ツール」を使って考えることが有効です。**

　ただし、「思考ツール」を活用するときには、何のためにそれを使うのか、それを使うことでどのような分析ができるかの判断が大切であり、「とにかく思考ツールを使ってみる」ということが目的ではないので留意しなければなりません。

　「考えるための技法」とそれを可視化する「思考ツール」については、第5章をもう一度振り返るようにしてください。どの「考えるための技法」を活用して分析するのに適しているのか、またその「考える技法」を可視化するための「思考ツール」として、どのツールを使った方がよいのかについては設定した課題の求めているものを吟味しながら選んでいくとよいでしょう。

Ⅲ - 5 分析結果を解釈する

　情報を収集し、そのデータをカード化して整理したり、傾向を数値化してグラフにまとめたりするなどの整理・分析を行った結果、分析して出てきた結果について、図や表から、「何を表しているのか」「そこから何が言えるのか」を読み取り、解釈することが大切です。

　分析して出てきた結果の事実の読み取りや解釈は、設定した課題の解決（結論）へと導くことにつながります。そして、次の探究につながる問題の発見にもつながる重要な局面です。

　よって、分析結果については、その**結果が分析の目的に対応しているのか**、**設定した課題と結果が対応しているのか**、あるいは**結果には必ず原因があるので、なぜそのような結果が得られたのか**について確認しておく必要があります。

【引用・参考文献】
(1) 文部科学省．高等学校学習指導要領（平成 30 年）解説総合的な探究の時間編．学校図書．2018,p.17-18,p.49-52,p.126-127
(2) 文部科学省．高等学校学習指導要領（平成 30 年）解説総合的な探究の時間編．学校図書．2018,p17-18, p.49-52,p.126-127
(3) 株式会社ベネッセコーポレーション．未来を拓く探究シリーズ 探究ナビ．株式会社ベネッセコーポレーション．2023.p.72-94

第9章

まとめ・表現

Ⅰ まとめ、表現とは

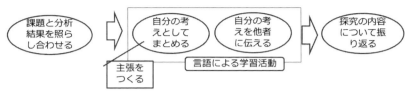

Ⅰ-1 まとめとは、表現とは [1][2]

　まとめ・表現は、情報の**整理・分析**を行った後、それを他者に伝えたり、**自分の考えとしてまとめ**たりする**学習活動**のことです。

図表 9-1　まとめ・表現するときの主な方法

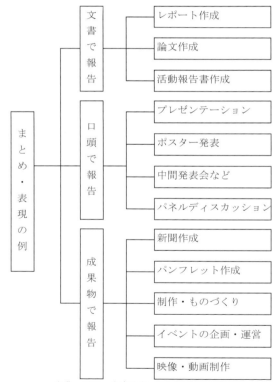

出典：引用・参考文献（12）を基に著者作成

それにより、学習者の既存の経験や知識と、学習活動により整理・分析された情報とがつながることで、深い学びとなります。**まとめたり、他者に考えを伝えたりする（インプットしたものを再構成してアウトプットする）ことで、学習者自身の意見や考えが明らかになったり、課題がより一層鮮明になり、課題が更新されたり、新たな課題が生まれたりします。**このことにより、まとめ・表現の過程が質的に高まっていくと考えられます。

　まとめ・表現では、言語により、まとめたり表現したりする学習活動が行われます。たとえば、分析したことを論文やレポートに書き表したり、口頭で報告したり、成果物を作成や制作したりすることなどが考えられます。論文やレポートにまとめることは、それまでの学習活動を振り返り、自分の考えとして整理することにつながります。特に、高等学校においては、論文やレポートでまとめたり表現したりすることは論理的な思考力を高めるうえでも有効な学習活動になります。また、ポスター形式でまとめ、それについてディスカッションしたり、プレゼンテーションソフトを活用しながら文字以外にも写真やグラフ、図などを使って口頭発表のような形式で表現したりすることなども考えられます。

　文書で報告するとき、口頭で報告するとき、成果物で報告するとき、相手を意識して、目的を明確にして伝えたいことを論理的に表現することを心がけることにより、自分の考えがより確かなものになっていくでしょう。

Ⅰ-2 まとめ・表現の過程で学習者や教師が配慮したいこと[3]
(1) 学習者（発表者）が配慮するところ

① **相手意識や目的意識を明確にしてまとめたり表現したりする**
誰に伝え、何のためにまとめるのかによって、まとめや表現の手法は変わる。それにより、学習者の思考の方向性も変わる

② **まとめたり表現したりすることの意義を考える**
まとめ・表現は、情報を再構成し、自分の考えや新たな課題を自覚することにつながる

③ **伝えるための具体的な手順や作法を身に付ける**
論文やレポートなどは、研究テーマのもと、「目的」「方法」「実験や調査の結果」「考察」「参考文献」などの項目を設けて論理的にまとめていくので、その手順や作法を身に付ける必要がある

④ **目的に応じて適切な手法等を選択して使えるようにする**
論文やレポート、活動報告書、ポスター、プレゼンテーションソフトなどの手法を使って、探究活動によって分かったことや考えたことを、ホームルームの友達や保護者、地域の人々などに分かりやすく伝える。「まとめ・表現」について、誰を対象に、どこで、どのくらいの時間をかけられるかなどにより使うものや手法等は異なる

⑤ **各教科・科目等で獲得した表現方法を積極的に活用する**
各教科・科目等においては、文章表現、図表やグラフ、絵画や音楽などの表現方法を獲得する

⑥ **情報機器や情報通信ネットワークを積極的に活用する**
何のために情報をまとめたり表現したりしているのか、誰に対してどのような情報発信を行うことを目指して情報をまとめようとしているのかなど課題の解決や探究活動の目的を学習者自らが意識しながら、まとめ・表現を進めていくことが大切

⑦ **発表者となる学習者は発表の仕方を工夫する**
発表者は要点を絞って伝えるための図や表の活用、視聴覚機器やプ

レゼンテーションソフトウェアなどをツールとして利用することなどが考えられる。また、発表者の態度等の発表の仕方についての工夫が重要になる

＊教科・科目等とは教科・科目（小中学校は教科）、特別活動、総合的な探究の時間のこと

(2) 学習者(聴衆)が配慮するところ

主体的な関わり方を工夫する
発表内容を深め、問題点を気付かせる「**よい質問**」をしたり、発表者の学習成果を改善させる適切なアドバイスをしたり、発表者の学習成果を自分の考えと比較して活かしたり、主体的な関わり方を工夫することを目標にする
なお、よい質問とは、簡潔であり具体的・本質的な質問のこと

(3) 教師が配慮するところ

① 発表・報告の場を設ける
発表や報告の場を設けることにより、全体でどのように学んできたか、それによって何が分かったかを共有する場面づくりが大切である。参加者全員の前で行う口頭発表や目の前の相手に個別に行うポスター発表など、**多様な形式を目的に応じて設定する**ことが考えられる。**報告会や発表会を探究の過程に適切に位置付ける**ことが大事なことである

② 発表・報告会の後の時間を確保する
発表後の時間を十分確保しておくことで、その後交流が生まれたり、自己評価や他者評価を行ったりすることができる。そのことにより、**時間をおかずに発表者自身で振り返る機会ができ**、新たな追究に向かうこともできる

第9章 まとめ・表現

Ⅱ 探究の過程と発表(文書・口頭)の構成[4]

　文書による発表や口頭発表では、**序論(背景、目的)⇒方法⇒結果⇒考察⇒結論、序論(背景、目的、方法)⇒本論(結果、考察)⇒結論、背景⇒目的⇒方法⇒結果⇒考察⇒結論**などで構成されることが多いです。

　発表の構成は探究の過程のどの部分に関連するのか、あるいは該当するのかを知っておくと、それぞれの過程を行うときの見通しになります。また、発表や発表資料を作成することを見越して、それぞれの過程で記録・保存しておく内容が明確になります。

図表 9-2 「探究の過程」と「発表(文書・口頭)の構成」の関連表

探究の過程		発表の構成	
課題の設定	・現状の分析 ・動機や意義 ・目的 ・方針や方向性	・背景、先行研究 ・動機や意義 ・目的	序論(はじめに)
情報の取集	・情報の収集方法 ・収集した情報	・情報の収集方法 ・整理・分析の方法	方法
整理・分析	・整理・分析の方法 ・分析したデータ ・データの解釈	・収集した情報 ・分析したデータ ・データの解釈	結果
まとめ	・主張、考察、結論	・主張、考察、結論	考察、結論(おわりに)

出典:ベネッセ「探究ナビ」p98 を基に著者作成

Ⅲ まとめ・表現の実践例

　まとめ・表現は、探究の過程において、収集した情報を整理・分析して、それを基に行います。まとめ・表現で行うことは、他者に伝えたり、自分の考えとしてまとめたりすることです。そのことにより、**学習者の既存の経験や知識と、整理・分析された情報とがつながり、深い学びを行うことができます**。ここでは特に、整理・分析したことを論文やレポートに書き表したり、口頭で報告したりするときのやり方の例を示します。

(1) 整理・分析したことを論文やレポートに書き表し報告する

論文やレポートにまとめることで得られること
・それまでの学習活動を振り返り、自分の考えとして整理できます。
・論文やレポートでまとめることは論理的な思考力を高めることができます。

⑵　整理・分析したことを口頭で報告する
口頭での報告で得られること
・相手を意識して、目的を明確にして、伝えたいことを論理的に表現することを心がけることで、自分の考えをより確かなものにすることができます。

Ⅳ 文書による報告（論文の書き方）[5]

Ⅳ-1　探究における論文

　探究における論文とは、実生活や実社会に目を向けた時に湧き上がってくる疑問や関心に基づいて、自ら課題を見付け、そこにある具体的な課題について情報を収集し、その情報を整理・分析したり、知識や技能に結び付けたり、考えを出し合ったりしながら課題の解決に取り組み、その結果明らかになった考えや意見などをまとめた文章のことです。

　あらかじめ課題が設定されているレポートとは異なり、論文の場合は、課題の設定を学習者自身が行ないます。論文のテーマは、筆者の実生活や実社会に目を向けた時に湧き上がってくる関心・疑問・主張に沿って設定します。そのテーマを学習者の創意工夫で解きほぐし、読み手に対して何らかの考えや意見などを説得力ある形で提供するのが論文です。その成果には、学習者の独自性が発揮されている必要があります。

　探究における論文の場合には、必ずしも斬新な理論展開や画期的な成果が要求されているわけではありません。たとえ用いた文献や資料、あるいは導き出された結論が目新しいものでなかったとしてもよいのです。大切なのは、課題の設定から整理・分析、まとめ・表現にいたるまで、自分で課題意識をもち、情報を収集・整理・分析し、自分なりの結論を

得るという学習活動を行ったかどうかです。

▶ **論文作成の流れ**

Ⅳ-2 論文の構成

① **題名（主題）**

題名は論文の顔。論文の概略を最もよく表しているものを主題とする。題名（主題）が長すぎて副題が必要な場合は、波線ではなく全角ダッシュで副題を囲む。例：主題―副題―。「の」の使い方を重視する。「の」は1つの題名に2つまでにする

② **要約（要旨、アブストラクト、抄録）**

論文全体の内容を要約する部分。論文の概要がわかるように、簡潔にまとめる

③ **キーワード**

論文で用いられている重要な語句を5個前後書く

④ **序論（はじめに）**

研究のテーマの提示、背景、先行事例の紹介、基礎的な知識、問い（仮説）を立てる、目的、方法などを書きます。論文全体の研究テーマである「問いかけ」を発する部分。論文のテーマ（課題）は何か、これまでになされた研究との関連で、その課題設定はいかなる意義をもつのかを明らかにする

⑤ **本論**

裏付けをもとに根拠を導き出す。はじめに裏付けである結果を示す。結果については事実だけを書き自分の考えは書かない。必要があれば、図や表も用いる。次に結果を用いてどのようなことが考えられ

るかを考察。考察は主観的な感想ではなく客観的なデータなどの結果を基に論理的に構成される。本論は、序論で提示された課題を受けて、論理的あるいは実証的に展開する部分であり、いくつかの章で構成される。章は論文の進行にしたがって配列し、各章の見出しがその内容を的確に表す。各章がそれぞれに明確な論点を持ち、前後の章が明快な論理的なつながりを持つよう配慮する

⑥ **結論（終わりに、結び）**
探究の過程を通して明らかにできたことを改めてまとめる部分。結論は、序論の問いに答える部分であるため、序論と結論は対応していなければならない。また、未解決の問題を課題として整理し、今後の展望など記しておくことが望ましい

⑦ **引用・参考文献**
参考にしたり、引用したりした文献の出典を正確に記す。使った文献を記しておくことで、論文を読んだ人がそれらの文献を探して読むことができる

Ⅳ-3 序論（はじめに）と結論（おわりに）の書き方[6]

▶ **序論（はじめに）のポイントとフォーマット**

　序論では、研究テーマ（探究課題）を取り巻く現状を示すとともに、先行研究や過去の取組において解明されたり解決されたこと、あるいはまだ解明されていなかったり未解決なことを明らかにします。したがって、先行研究を綿密に調べることとそれを誠実に引用することが大切です。

　そして、問い（仮説）を立てることによって、研究（探究）の目的を明確にします。問いについては、学習者がもっている知識や経験だけからでは生まれないこともあります。そこで、教師の指導などを含め、実社会や実生活と実際に関わりをもつ中で、過去と比べて現在に問題があること、他の場所と比べてこの場所には問題があること、自己の常識に照らして違和感があることなどを発見します。それが問題意識となり、

自己との関わりの中で課題につながっていきます。課題は、解決を目指して学習するためのものであり、その意味で課題は、解決への具体的な見通しをもてるものである必要があります。

　序論の執筆は、最初に書いたらそれで終わりということではなく、問題と目的などを何度も考え、書き直しアウトラインをある程度つくります。それができれば書き進めることができます。また本論の執筆途中や、結論を書き上げてからも、全体像を眺め、何度も序論に立ち戻り、結論との整合性を確認調整して完成度を高めていきます。

　序論については、次の6つの要素によって構成されます。また、下に、序論（はじめに）のフォーマットを示しました。文脈に応じて、適宜、表現を変えて、ブランクを埋めることで自分の考えを整理することができます。特に、このフォーマットは、序論（はじめに）をどのように組み立てていったらよいのかわからないときや、自分の研究（探究）の進め方を整理するときには有効です。

　下の▶序論（はじめに）の構成要素①〜⑥は、▶序論（はじめに）のフォーマットの①〜⑥に対応しています。

▶　序論（はじめに）の構成要素

①　研究テーマ（探究課題）の提案（背景、動機、意義など）
②　先行研究・事例の紹介（考える上での基礎知識）
③　先行研究・事例の批判的検討（問題点の指摘）
④　問い（仮説）を立てる
⑤　研究（探究）目的
⑥　研究方法（情報の収集方法、整理・分析の方法）

▶ 序論（はじめに）のフォーマット

① 近年〔　　　　　　　　　　　　　〕が問題となっている。
② 〔人名〕（〇〇〇〇年）によって、〔　　　　　〕が明らかとなった。
　また、〔人名〕（〇〇〇〇年）は、〔　　　　　〕と述べている。
　一方、〔人名〕（〇〇〇〇年）は、〔　　　　　〕を指摘している。
③ しかし〔　　　　　　　　　　　　　　　　　　〕については明らかにされていない。
④ なぜ、〔　　　　　　　　　　　　　　　　　〕は、
　〔　　　　　　　　　　　〕を検討する必要があるのではないか。
　（〔　　　　　　　　　　　　　　　　　　〕のではだろうか。）
⑤ そこで、本研究では、〔　　　　　　　　　　　　　
　　　　　　　　　　　　　〕を明らかにすることを目的とした。
⑥ まず、〔　　　　　　　　　　　　　　　　　〕をする。
　次に、〔　　　　　　　　　　　　　　　　　〕をする。
　さらに、〔　　　　　　　　　　　　　　〕について検討する。

出典：慶應義塾大学出版会『レポート・論文作成方』p87を基に著者作成

＊□には事例・問い（仮説）・研究目的・研究方法などを具体的に入れていきます。
構成要素に沿って、フォーマットを埋めてみましょう。

▶ 結論（おわりに）のポイントとフォーマット

　まず論文の論理の流れについて説明します。はじめに、序論で、テーマとする領域の現状を、先行研究を引用しつつ広く捉えます。さらに、何が問題となっているか、論点を絞り込み、目的を明確にするとともに、課題の設定を行います。次に、本論では絞り込んだ論点を議論します。

　そして、最後の結論では、自分の研究はテーマとする領域の研究（探究課題）のどこに位置付けられるのか、視野を広げて捉えます。自分の研究（探究）の位置付けを決めるには、自分の研究（探究）を正確に評

価する必要があります。この研究（探究）で何が分かったか、その意義を明示してください。そして、自分の研究（探究）の成果についてはしっかりアピールしましょう。それとともに、今回の研究（探究）で何が出来なかったか、その限界を示す必要があります。さらに結論では、自分の研究（探究）を発展させていくために、今後どのようなところが問題であり、課題があるかを示します。

なお、結論の最後のところで注意しなければならないのは、一気に飛躍した解釈をしないことです。特に研究成果（探究の結果）を現実の問題に適用して解釈する場合は慎重さが必要になります。

結論は次の4つの要素で構成されます。

▶ **結論（終わりに）の構成要素**

① どのような研究（探究）行動をとったかの確認
② 結論の提示
③ 研究（探究）の評価
(i) 研究（探究）したことでどのような成果を得ることができたか。
(ii) 今回の研究（探究）ではどんなことができなかったか
④ 今後の課題

下の▶**結論（終わりに）のフォーマット**の①〜④は、上の▶**結論（終わりに）の構成要素**①〜④に対応しています。構成要素に沿って、下のフォーマットを埋めてみましょう。

▶ **結論（終わりに）のフォーマット**

① 以上、本研究（探究）では ［　　　　　　　］ について検討を行った。
② その結果、［　　　　　　　　　　　　　］ が明らかとなった。
③ 本研究（探究）の意義（成果）③-(i)［　　　　　　　］ にある。
一方、本研究の限界は、③-(ii)［　　　　　　　］ にある。
④ 今後の課題は、［　　　　　　　　　　　　　］ である。
［　　　　　　　　　］ に関しては今後の課題とする。 他の表現例①
今後は、［　　　　　　　］ について検討していきたい。 他の表現例②

出典：慶應義塾大学出版会『レポート・論文作成方』p95を基に著者作成

＊□には結論・研究（探究）の評価・今後の課題などを具体的に入れていきます

Ⅳ-4 本論の書き方 [7]

　本論では、結果と考察により構成されていることが多いです。ただし、方法について、本論に入れている場合と序論に入れている場合があります。なお、ここでは方法は、序論に入れてあります。

　本論では結論へと導く考察とそれを裏付ける結果を書きます。結果や考察が結論とどう結びつくかを丁寧に説明していくことが大切です。**結果は事実を示すものであり、考察は結果から導き出された自分の考えであり、意見（主張）です。**

　ある課題に対して、予想していた結果が得られた、あるいは予想していない結果が出たとします。それぞれについて、その要因を考え論理的に組み立てて文章にします。それが考察になります。なお、結果で発見したものから考えられる新しい視点や課題についても、考察の部分で述べることができます。

　考察の書き方で気をつけなければならないのは、結果の部分との違いを明確にすることです。**結果は事実を中心に書きますが、考察は結果を見て分かることを論理的に文章にしていきます。**考察を書くときにありがちなのが、結果に対する感想を書いてしまうことです。例えば、「思うような結果が出てよかった。」「予想した仮説よりも大幅に数値が異なってしまったのが残念である。」などといった反省を考察に書かないことが重要です。

　あくまでも、**考察は感想を述べる部分ではなく、結果から客観的に判断できる自分の意見を書く部分です。**

> **事実と意見は区別する**
>
> 事実（情報）を述べる文か、自分の意見（判断）を述べる文か、その違いを明確に意識して区別して書く
> ・事実（情報）を述べる文では主観的な修飾語を混入させてはいけない
> ・自分の意見を述べる文では、意見を裏付ける明確な根拠を示す。
> 　他者の言葉（他者が調べた情報や他者の意見）と自分の言葉（自分が調べた情報や意見）を明確に区別して書く

　本論で使われる表現について、本論は結果や考察を述べる部分なので、下の表のような表現を使う場面が多くみられます。

理由	＿＿＿＿ということは、＿＿＿＿という理由による。 ＿＿＿＿から＿＿＿＿ということがわかる。
根拠	＿＿＿＿と考える根拠は二つある。　一つ目は、＿＿＿＿。 二つ目は、＿＿＿＿。
例示	たとえば、＿＿＿＿。 ＿＿＿＿の一つの例は＿＿＿＿である。
引用	［人名］（〇〇年）は、＿＿＿＿について＿＿＿＿と述べている。 ［人名］（〇〇年）によって＿＿＿＿であることが明らかになった。
参照	前述のように＿＿＿＿。 既述のとおり＿＿＿＿。
図表	［表1/図1］は＿＿＿＿を示している。 この［表1/図1］からは＿＿＿＿ということがわかる。
追加	そのうえ＿＿＿＿。　関連して＿＿＿＿。 ひとつは＿＿＿＿。さらに、＿＿＿＿。
まとめ	このことから、＿＿＿＿が明らかになった。 このように＿＿＿＿。

出典：玉川大学出版部『改訂版学びの技』p133を基に著者作成

Ⅳ - 5 「引用・参考文献の書き方」の例

　論文中で引用した文献を「引用文献」、引用しないで論文を書くときに参考にした文献を「参考文献」といいます（「直接引用」と「間接引用」については第7章情報の収集参照）。

　論文の引用・参考文献の書き方は様々です。以下は「SIST（科学技術情報流通技術基準）」に準拠した引用・参考文献の書き方です。引用・参考文献を書くときの参考にしてください。

　なお、引用・参考文献の書き方について学校で指示がある場合は、指示にしたがって書くようにしてください。また、同じ論文の中では、一つの記載形式（スタイル）で統一しましょう。

① 　全体を利用した場合

```
著者名.書名.巻次.訳者名.版表示,出版地,出版者,出版年,総ページ数,（シリーズ名,シリーズ番号）
```

・版表示で「初版・第1版」は記載不要
・図書の出版地、総ページ数は、記載されないことも多い。出版地が東京の場合は省略することができる
・著者が複数の場合は、最初の1名のみを記載し、「ほか」で省略してもよい
・書名は標題紙に記載されているとおりに記述する

〈記載例〉

```
1) 小笠原喜康.大学生のためのレポート・論文術.新版,東京,講談社,2009, p. 221（講談社現代新書,2021）.
2) 近藤裕子ほか.失敗から学ぶ大学生のレポート作成法.東京,ひつじ書房,2019,129p.
3) Atkins, P.W.; De Paula, Julio.物理化学要論.千原秀昭,稲葉章訳.第5版,東京,東京化学同人,2012, p.572
```

② 　特定のページあるいは特定の1章・1論文を利用した場合

> 著者名．"章の見出し or 論文名"．書名．編者名．版表示．出版地，出版者，出版年．はじめのページ－おわりのページ．(シリーズ名，シリーズ番号)．

〈記載例〉

> 1) 福田アジオ．現代日本の民俗学：ポスト柳田の五〇年．吉川弘文館，2014,p.172-181.
> 2) 和田万紀編．"感覚・知覚・認知・感性"．心理学．第2版，東京，弘文堂，2014,p.51-77.（Next 教科書シリーズ）．

③ 辞書・事典の1項目

・巻次がない場合、書名はピリオドで区切る

> 著者名．"章の見出し or 論文名"．書名．編者名．版表示．出版地，出版者，出版年，はじめのページ－おわりのページ,(シリーズ名,シリーズ番号)．

〈記載例〉

> 1) 伊藤佑子．"ダウン症の妊婦血液診断の臨床研究"．現代用語の基礎知識 2013．自由国民社，2013,p.783-784.

④ 雑誌論文の場合

> 著者名．論文名．誌名．出版年，巻数，号数，はじめのページ－おわりのページ．

・「巻数」、「号数」は、どちらか一方のみしか持たない雑誌も多い

〈記載例〉

> 〈巻・号を完全記述した例〉
> 1) 藤井寛行．2020年オリンピック・パラリンピックを見据えた東京のまちづくり．新都市．2013, vol.67,no.12,p.61-69.
> 〈上の1)の巻・号を簡略記述した例〉
> 2) 藤井寛行．2020年オリンピック・パラリンピックを見据えた東京のまちづくり．新都市．2013, 67(12),p. 61-69.

⑤ 新聞記事の場合

著者名.記事タイトル.新聞名.発行年月日,朝夕刊,版,該当ページ

〈記載例〉

> 1) 貝戸清之.(私の視点)インフラ老朽化 膨大な点検データ生かせ.朝日新聞.2014-03-01.朝刊, p.15.
> 2) 再生医療、特許５年長く、最長２５年に、政府、実用化を後押し.日本経済新.2014-02-13,朝刊,p.1.

⑥ 新聞記事（データベース・新聞社のサイトの記事）の場合

・紙の新聞あるいは紙をベースにした新聞記事データベースを参照することが望ましい

> 朝日新聞の電子速報版サイト「朝日新聞デジタル」の記事
> 奥村信幸.政治とメディアの「金属疲労」テレビ討論に限界.朝日新聞. 2019-07-11, 朝日新聞デジタル, https://webronza.asahi.com/politics/articles/2019070200005.html,（参照 2024-05-06）.

・朝日新聞デジタルの記事には、朝・夕刊の別、ページや面の記載はない

⑦ Webページの場合

> 著者名."ウェブページの題名".ウェブサイトの名称.更新日付.入手先.（入手日付）.

〈記載例〉

> 1) 農林水産省食料産業局新事業創出課."農林水産省品種登録ホームページ".農林水産省.http://www.hinshu2.maff.go.jp/.（参照 2024-05-06）.
> 2) 慶應義塾大学日吉メディアセンター."情報の生産と流通".KITIE. http://project.lib.keio.ac.jp/kitie/classify/info-cycles/01.html.（参照 2024-05-06）.

Ⅳ-6 レポート・論文を書く際の留意点

　レポート・論文では、話し言葉ではなく、書き言葉で書きます。文末は敬体（です・ます調）ではなく、常体（だ・である調）です。一文は、30字〜40字くらいを目安とし、ひとつの内容だけを述べます。主語と述語はできるだけ近づけるとよいでしょう。一文が長くなると、主語と述語の対応関係がわかりにく間違える原因にもなります。

▶　書くときに気を付けたいポイント

> ・不用意に主語を省かない
> ・漢字とひらがなは上手に使い分ける
> ・修飾語と被修飾語は離さない
> ・接続詞「そして」「〜が」を乱用しない
> ・接続詞「しかし」は必要なときだけ使う
> ・主語に続く助詞「が」と「は」を使い分ける
> ・同じ文章に助詞「が」を何度も使わない
> ・「〜こと」「〜である」を頻繁に使わない
> ・同じ言葉、同じ言い回しを繰り返し使わない
> ・具体例がひとつなら「〜など」は書かない
> ・意味的につながりやすい語と語は分離する
> ・多義的な語、あいまいな表現は避ける
> ・読点「、」はなるべく少なくする
> ・話し言葉を持ち込まない、ら抜き言葉（ら抜き表現）で書かない

Ⅳ-7 レポート・論文で使いたい表現の例[8]

　レポート・論文には、話し言葉や作文で使う表現はなじみません。レポート・論文の文末は「である」体に統一して書きます。「です、ます」体は使いません。また、話し言葉である「じゃない」「とても」についても「ではない」「非常に」を使います。次のレポート・論文で使いたい表現の例を参考にしてください。

▶ レポート・論文で使いたい表現の例

	話し言葉や作文で使う表現	レポートや論文で使う表現
修飾するときの表現	いつも	常に
	いろいろな	様々な
	こんな	こうした
	すごく、とても	非常に、きわめて、著しく
	全然	全く
	たくさんの	多くの
	たぶん	おそらく
	だんだん	次第に、徐々に
	どちらも	いずれも
	どれくらい	いかに
	どんな	どのような
	わりと	比較的
接続するときの表現	言いかえると	すなわち
	じゃあ	そこで
	それから	また、さらに
	それで	その結果
	だから、なので	したがって
	だけど	だが
	だって	なぜなら
	付け加えると	なお
	でも	しかし
	他では	一方で、他方
	はじめは〜。そして〜。それから	まず〜。次に〜。更に〜。
文末表現	〜と言っています	〜と述べている、〜と主張している、〜指摘して
	〜がわかりました	〜が明らかになった、示唆された
	〜を考えます	〜を検討する、〜を考察する、〜を分析する
	〜でしょう	〜であろう
	〜しましょう	〜しよう
	〜かもしれない	〜の可能性について
	〜じゃない	〜ではない
その他	〜しかない	〜すぎない
	〜とか	〜など
	〜なんか	〜など
	〜ばっかり	〜ばかり
	〜みたいな	〜のように

	話し言葉や作文で使う表現	レポートや論文で使う表現
文末表現	〜と言っています	〜と述べている、〜と主張している
	〜がわかりました	〜が明らかになった、示唆された
	〜を考えます	〜を検討する、〜を考察する、〜を分析する
	〜でしょう	〜であろう
	〜しましょう	〜しよう
	〜かもしれない	〜の可能性について
	〜じゃない	〜ではない
その他	〜しかない	〜すぎない
	〜とか	〜など
	〜なんか	〜など
	〜ばっかり	〜ばかり
	〜みたいな	〜のように

Ⅳ-8　図や表の用い方[9]

　文章のみだけでなく、客観的なデータを基にした図や表を用いると、より読み手が理解しやすく説得力が増します。特に情報の収集や整理・分析の過程では、積極的に図、表、グラフを使いましょう。図や表であっても他の人が作成したものを使う場合には引用になるので、出典を明記することを忘れないようにしてください。**図表の分類では、図とは、図、グラフ、写真など指します。表については表が該当します。**レポート・論文に図表を挿入するときには次のようないくつかの留意事項があります。

> ・図や表の前後は一行空ける
> ・それぞれに通し番号を付ける
> 　例：図（写真・グラフ含む）の場合「図1」「図2」
> 　　　表の場合「表1」「表2」
> ・何を表している図表なのか、それぞれ簡潔にタイトルを付ける
> ・その際、図タイトルは図の下に、表タイトルは表の下に記す
> ・出典は図表の下に記す。本からの引用は「著者名「書名」」webからの引用は「著者名「サイト名」」のように出典を記す
> ・文章中で当該の図表について説明した後に図表を載せる

Ⅴ　プレゼンテーション
　（口頭発表・ポスター発表）のポイント[10]

　プレゼンテーションを広義で捉えて、「人前で、口頭で発表すること」と定義します。主に、口頭発表、ポスター発表、パネルディスカッションなどを指しますが、ここでは口頭発表とポスター発表に限定します。

Ⅴ-1　プレゼンテーションとは

　プレゼンテーションとは、スピーチを主体とした一対多のコミュニケーションのことです。**プレゼンテーションでは、論文やレポートとは異なり、口頭で発表を行うことにより主張を直接聴衆に伝える**ことがで

きるとともに、必要に応じて**その場で発表者と聴衆を交えた質疑や討論を行う**ことができます。このことからもわかるようにプレゼンテーションとはまさにコミュニケーションです。

　発表者から聴衆への一方向的な発表と考えずに、発表者と聴衆の双方向にとって有意義なコミュニケーションの場であると考えるべきです。プレゼンテーションの後に、質疑応答の時間が設けられていることも、資料を丁寧に作成し読み手が理解しやすいように工夫されていることも、建設的な議論をするための準備であることに留意します。そのためには発表者から聴衆への単なる情報伝達だけでなく、情報交換の機会として有効なものにするために様々な工夫をすることが必要です。

　プレゼンテーションでは、自分の考えに興味を持ってもらうきっかけになるような、伝えたいことを正しく伝える表現方法が重要です。その補助手段として、プレゼンテーション発表資料があります。プレゼンテーション発表資料には、口頭発表の際のプロジェクターで投影するスライドやポスター発表のポスター、聴衆に配る紙媒体の資料などがあります。

▶　プレゼンテーションの発表資料作成の流れ

Ⅴ-2 プレゼンテーションの流れと構成要素

　プレゼンテーションは次に示すいくつかの要素から成り立っています。それぞれの要素を意識しながら、流れにしたがって準備を進めると分かりやすいプレゼンテーションになります。

▶　プレゼンテーションの全体の流れ

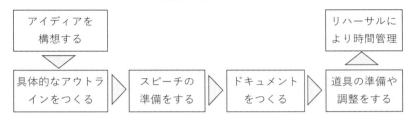

▶ プレゼンテーションの全体の構成要素

① **アイデアの構想**
頭の中で知識を整理・分類し、自分自身がまずよく理解する。基本的に、頭の中の知識や情報は整理されず雑然としているのでそのまま聞き手に提示しても何も伝わらない

② **具体的なアウトラインをつくる**
どのような順番で話せば、うまく伝わるかを考えながら、概要を書いた紙を並べていく。アイデアを時間内にすべて話すことが困難な時には、内容を取捨選択して、重要な部分だけを提示する
序論（題名（主題）、動機、背景、方法）→本論（結果、考察）→結論（今後の課題や展望）

③ **スピーチ**
i) スピーチの言語的表現
原稿を見ないことが原則。アウトラインだけを用意して、即興的にスピーチ。原稿を手元におかない
ii) スピーチの非言語的表現
スピーチを説得力のあるものにするためには、原稿を見ず衆に向けて語りかける。視線やジェスチャーも大切

④ **ドキュメント（配布資料・スライド）**
配付資料やスライドは様式があればそれを踏まえる

⑤ **道具**
一般的にはプレゼンテーションソフトで作成したスライドを使ってスクリーンに投影するデジタル・プレゼンテーションが一般的。なお、使用する機器の取り扱い方を事前に身に付けておく

⑥ **時間管理**
プレゼンテーションでは与えられた時間を必ず守る。時間をオーバーすると次の発表者の発表時間に影響を及ぼし、多くの人に迷惑をかける（短時間に多くの情報を詰め込んでも理解できなければ失敗）。

V - 3 構成・アウトラインを考える(11)

　プレゼンテーションの前にチェックリストを作りましょう。

▶　プレゼンテーション前のチェックリスト

　誰を対象に、どんなところで何分くらいのプレゼンテーションするのかを最初に確認します。例えば、授業で研究レポートを発表するのか、探究学習の一環として中間発表や最終発表なのか、学校紹介の一環としてのプレゼンテーションなのか、あるいは学会での発表なのかを確認しましょう。

　次に、参加者の基礎知識やニーズのレベルに合わせて発表内容を検討します。プレゼンテーションで重要なのは聴衆との関係です。読み手は、論文であれば「こんな簡単なことは知っている」と読む行為を放棄することも「難しくてわからない」と何度も読み返すこともできます。**読む行為では、圧倒的に読み手に主導権があります。しかし、プレゼンテーションは聞き手よりも話し手に大きな主導権が与えられています**。分からないからといって音声を巻き戻して、もう一度聴き直すことはできません。そのため話し手の責任として、聞き手にわかりやすいように話さなければなりません。

　口頭発表とポスター発表では、発表する際の項目や流れが概ね共通しています。口頭発表やポスター発表の構成については次のとおりです。ポスター発表も、この構成を基にして、流れをどのように組み立てれば、聞き手に伝わりやすいかを考えます。より具体的なアウトラインをつくり、それぞれのスライドに落とし込みます。

▶ プレゼンテーション（口頭発表・ポスター発表）の構成

① **発表する題名（主題）**
題名は発表の顔。発表する概略を最もよく表しているものを主題とする。題名（主題）が長すぎて副題が必要な場合は、波線ではなく全角ダッシュで副題を囲む

② **序論（はじめに）**
課題の設定理由、課題の背景、目的などを書く。課題設定はいかなる意義をもつのかを明らかにする。先行事例の紹介、専門用語や概念の説明も必要に応じて行う

③ **方法**
どのような方法で探究をすすめたのか、情報の収集方法や整理・分析の方法を示す

④ **結果**
情報の収集、整理・分析してわかったこと、得られた情報（裏付け）を示す。結果を示す際、その図や表で使われている言葉の定義、引用元や参考元などを示す。プレゼンテーションのスライドではそのデータが表示されたスライド内に示すことが一般的

⑤ **考察**
得られた結果から言えることについて自分の考えを示す

⑥ **結論（終わりに）**
探究の過程を通して明らかにできたことを改めてまとめる部分。結論は、序論の問いに答える部分であるため、序論と結論は対応していなければならない。未解決の問題を課題として整理し、今後の展望など記しておくことが望ましい

⑦ **引用・参考文献**
参考にしたり、引用したりした文献の出典を正確に記す。使った文献を記しておくことで、聞き手がそれらの文献を探して読むことができる。各スライドにも、引用文献、参考文献を記す

V‑4 口頭発表とは

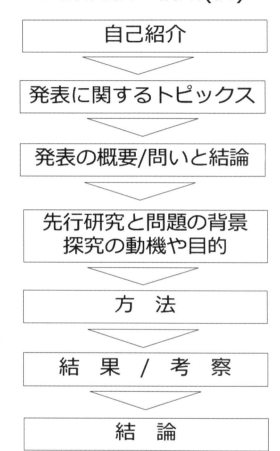

口頭発表は、どのような順番に組み立てて発表すれば、聞き手に主張が伝わりやすいかを考えます。前述した「プレゼンテーションの構成」が口頭発表の構成の基本なので、より具体的なアウトラインを作り、スライドを作成します。

　わかりやすいように相手に説明するには、概要や全体像を先に話してから詳細へ、重要度の高い内容から低い内容へ、身近なことや知っていることから知らないことへ、を踏まえて順番を考えます。

　前頁の構成を基にして、どのように流れを組み立てれば、聞き手に伝わるかを考えます。具体的なアウトラインをつくり、それぞれの項目について、スライドに落とし込みます。

　スライドには、各項目に簡潔なキーワードか短文をスライドに1スライド1トピックで書いてみます。必要に応じて図表を用いると、文字だけより伝わりやすくなります。

　アウトラインをつくるときには、話し手の責任として聞き手がわかりやすいようにつくる配慮が必要です。口頭発表では、圧倒的に話し手に大きな主導権が与えられています。分からないからといって聞き手は聴き直すことはできませんし、途中で質問することもできません。そのため、話し手の責任として、聞き手にわかりやすいように話さなければなりません。

　探究は、その探究の過程を発展的に回し続け、行きつ戻りつと試行錯誤しながら、資質・能力を身に付けることが目標です。

　高等学校では、学習状況を評価するために、発表会を開いたり、論文を提出させたりしますが、それで終わりという傾向があります。発表や提出日までに無理やり課題を解決させて終わりとするのではなく、まとめ・表現が不十分で、探究の課題が未解決ならば、不十分だと感じるところを追究し、さらに探究を続けていくことが大切です。

Ⅴ-5 スライド作成のポイント

(1) スライド作成の留意事項[12]

　どのようなスライドがよいスライドなのでしょうか。それを考える前に、よいプレゼンテーションとはどういうものかについて考えてみましょう。はじめに**プレゼンテーションの目的は何かというと、発表しようとしている内容を聴衆にうまく伝えることです**。この時に補助手段として視覚に訴えるものがスライドです。

　プレゼンテーションを行う際の発表内容とスライドの関係については、発表内容が主であり、スライドが従という関係でなければなりません。したがって、悪いプレゼンテーションとは、スライドが主となってしまい、発表内容が従になっているプレゼンテーションのことを指します。

　スライドは視覚的効果が大きい媒体です。つまり、その視覚的効果をうまく生かせない、例えば文字ばかりのスライドですと、かえって分かりにくいプレゼンテーションになってしまいます。

　見させるスライドではなく、読ませるスライドになってしまうと、視覚的な効果は十分に発揮できず、発表内容の理解を助ける補助資料としては不適切になってしまいます。その結果としてプレゼンテーション自体も悪いものになってしまいます。重要な情報、伝えたい情報は、スライドの上側に配置します。発表会場の環境によっては、スライド画面の下側が見えなくなることがあるからです。ポスターの場合も同様で一番下は見えないこともあるので、重要な情報を配置しないことが大切です。

　グラフや図が重要な場合も、配置するときにできるだけ、上側に配置するとよいでしょう。グラフなど大きな図の場合、視線の動きを考え左に配置します。まず図を見て、次に文字を見てもらう配置です。

▶ スライド作成上の留意事項

- 色の使い方や文字の大きさに配慮する
- スライドのデザインはシンプルなものにする
- ポイントを押さえて簡潔に表現する
- 写真や動画，グラフ，図などを効果的に用いる
- 強調したい部分を枠で囲んだり，色を変えたりする
- アニメーションや効果音を多用しない
- 必要に応じて謝辞や参考文献などを記載する

(2) アジェンダ（目次）スライドについて[13]

　資料が何もない口頭のみでの発表では、聞き手は発表内容を理解することが難しい場合が多いです。そこで理解の助けとなるのが補助資料です。こうした補助資料の一つがスライドです。

　スライドのアジェンダを作成してみましょう。**アジェンダとは骨子、目次のことを指します**。発表の大まかな流れであり、プレゼンテーション全体の設計図です。このアジェンダはアウトラインに相当するものですが、アウトライン同様しっかりした流れが頭に入っていれば、論理的なスライドを作成することができます。このアジェンダに沿ってスライドを作成していけば論が

例1〈基本のアジェンダの流れ〉
序論：研究の概要
1. 問題の背景と研究の目的(課題の設定)
2. 研究の動機
3. 先行研究・現状の整理、体系化
4. 提示した目的に対して提案する手法
5. 手法の詳細説明
本論：裏付け・主張
6. 結果・評価
7 考察
結論：まとめ
8 残された課題
9 今後の展望
10. まとめ

脱線し迷走していくことはありません。また、プレゼンテーションの際にもこのアジェンダを提示すれば、聞き手にとっても、理解の一助となることでしょう。

一般的に、アジェンダは冒頭で「目次」や「本日の発表の流れ」という題名のスライドで提示されます。留意することは、発表時間を考慮して計画を立てることです。口頭発表では、多くの場合、発表者に与えられる時間は決まっています。例えば、発表時間と質疑応答の時間で合わせて何分といった具合です。学校の発表会での口頭発表の場合、長くても15分の発表で質疑応答に5分程度です。発表時間を把握し決められた時間内に収まるようにアジェンダをアレンジする必要が出てきます。

> 例2 〈5分間のアジェンダ〉
> **序論：研究の概要**
> 1. 問題の背景と研究の目的(課題の設定)
> 4. 提示した目的に対して提案する手法
> **本論：裏付け・主張**
> 6. 結果・評価
> **結論：まとめ**
> 10. まとめ

> 例3 〈10分間のアジェンダ〉
> **序論：研究の概要**
> 1. 問題の背景と研究の目的(課題の設定)
> 3. 先行研究・現状の整理、体系化
> 4. 提示した目的に対して提案する手法
> 5. 手法の詳細説明
> **本論：裏付け・主張**
> 6. 結果・評価
> 7 考察
> **結論：まとめ**
> 8 残された課題
> 9 今後の展望
> 10. まとめ

例2例3の番号は例1の番号と同じ

発表時間としては5分、10分、15分と比較的短いこともあれば、30分から1時間、発表時間を与えられる場合もあります。発表時間が少ないのに、スライドの量が膨大になれば持ち時間内で説明しきることは不可能でしょう。反対に発表時間が多いのに、スライドの資料が概略

的で少な過ぎると、時間を持て余します。どの情報を盛り込み、どの情報をそぎ落とすかは、与えられた発表時間を目安に指針を決めていきましょう。

　発表時間が5分の場合は、序論、本論、結論に2分ずつ割り当てることもできないので、切り捨てることも考えます。発表時間10分の場合は発表時間5分より時間的な余裕はあります。5分の時には余裕がなく触れられなかった項目に時間を割くことができます。もともと10分あるという前提でアジェンダを考えるのではなく、**絶対に触れなくてはいけない5分のプレゼンテーションの内容に追加で5分加える、という感覚を持つ**と、不必要な説明が紛れ込むことを防ぐことができます。

V-6 スピーチの仕方 [14]

　スピーチをしている自分を印象づけるときには、「言語的印象づけ」と「非言語的印象づけ」があります。これを意識しながら、スピーチするとよいでしょう。

図表9-3　非言語的印象づけのポイント

出典：『探究―理論と演習―』(2021)

第9章　まとめ・表現　203

(1) **言語的印象づけ**

> ・自分のパーソナリティを何かのエピソードと関連付ける
> ・自己完結の発信をしない。相手に質問の余地を与える
> ・軽い失敗談や笑い話など相手に共感されるような話をする

これらを念頭に自分の話を組み立てましょう。

(2) **非言語的印象づけ**

> ・抑揚や声の大小など聴覚的な要素
> ・視線、ジェスチャー、姿勢、服装、表情など視覚的な要素

いずれの場合も自分の発言姿勢を客観的に見ることが要求されます。

スピーチ力を鍛える〈演習〉

▶ 1分間自己紹介スピーチ

自己紹介の1分間スピーチをグループごとに行います。

① 全員が、2分以内に下の例のように、真ん中にある楕円形の図に自分が呼ばれているニックネームなどを、そしてその周囲の楕円形に自分を示すキーワードを記入してください。

② 完成したらグループ内で発表する順番を決めて順番に自己紹介を1分間行ってください。

③ 非言語的表現のポイントを自己紹介する中で試してみてください。

【例】 私を示すキーワード

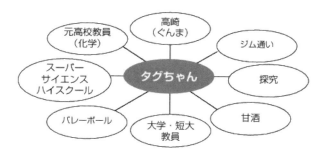

【やってみよう】私を示すキーワード

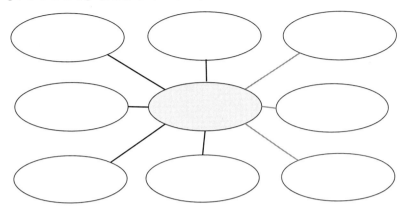

図表 9-4 ポスターづくりのポイント

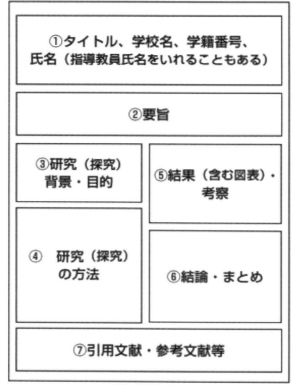

出典:著者作成

V - 7 ポスター発表とは [15]

　ポスター発表は前述した「プレゼンテーション(口頭発表・ポスター発表)の構成」が基本になります。口頭発表に比べて、聞き手の数が少ないだけに発表する学習者の精神的ハードルは低いでしょう。気軽に行うことができ、発表をする人数を増やせば、多くの学習者に発表の機会(アウトプットする場面)を作り出すことができます。会話形式で説明したり、発表後に質疑応答など意見交換したりする中で、学習者も理解を深めることができます。ポスターに入れる内容、構成レイアウト、文

字のサイズ・フォント等については、以下の通りです。

(1) ポスターに入れる内容とその構成

　図表 9-4 で示したように、ポスターの上部に、①タイトル、学校名、学籍番号、氏名、（学校によっては指導教員氏名）を記載します。例えば、タテ 180cm ×ヨコ 90cm のパネルに合わせてポスターをつくるなら、上部 20cm 程度にそのスペースを設けます。その下に②要旨、③研究（探究）背景・目的、④研究（探究）の方法、⑤結果（含む図表 ）・考察、⑥結論・まとめ、⑦引用文献・参考文献等、を入れます。文字数が多くなってしまうと、聞き手は出だしの時点で興味を失う可能性があるため、できるだけ端的にまとめるようにします。最低限の文字数でポスターを作り、詳細については発表原稿としてまとめておきましょう。

(2) レイアウト

　ポスターのレイアウトには、プレゼンテーションソフトで作成した表題と数枚の内容を示すスライドを貼るだけの場合と 1 枚の大きな紙に入れる内容を配置しデザインする大型ポスターの場合があります。

　スライドを配置する場合は、発表内容を何枚かのスライドにまとめます。大型ポスターの場合は、スライドを配置する場合よりもデザインの自由度が高く、見栄えのするポスターに仕上げられます。

　ただし、自由度が高い分、統一感がなくなったりかえって見づらくなったりと難易度が高くなる側面もあります。

　どちらのレイアウトの場合でも、左から右、上から下のように視線の導線を意識することが大切です。まとまりのある見た目にするためには、格子を意識して内容ごとにブロック分けをするといいでしょう。周囲に 3cm 程度、ブロック間には 5cm 程度の余白をとると見やすくなります。

(3) 文字のサイズ、フォント、色

　ポスターは、文字のサイズやフォント、色といったデザインも重要です。タイトル、見出し、本文、図表の文字、脚注などの構成要素はそれ

ぞれ文字サイズを統一します。一般的に、大型ポスターの場合については、タイトルは 70 〜 90 ポイント、見出しは 60 〜 70 ポイント、本文は 32 〜 40 ポイント程度が目安です。図表内の文字や脚注は本文よりも小さいサイズにしましょう。予定している印刷サイズより縮小したサイズで作成する場合には、縮小率を考えて設定する必要があります。

　色については、カラフルにしすぎないように注意しましょう。色を多用するよりも、基本は黒、見出しは青、強調したいところは赤など、色を統一した方が読みやすいポスターになります。フォントもポスターの読みやすさに関係します。日本語はゴシック体又は明朝体、英文はゴシック体のフォントが読みやすいでしょう。

(4)　**デザイン**

　分かりやすいポスターを作るには、余白、統一、グループ化の 3 つがポイントになります。はじめに、スライドや図の周囲には適度な余白をとるようにします。なぜならば、文章を枠で囲う場合や図を貼り付ける場合、端まで詰めてしまうと非常に読みにくくなるからです。見出しのサイズや色、書き出しの位置、図表のサイズなどは揃えましょう。少しでもずれていると違和感や読みにくさにつながってしまいます。おさまりの悪いイラストや図表は四角の枠で囲うのもよいでしょう。よりよいポスターにするには、グループ化を意識することです。たとえば、関連する写真は文章の横に配置する、色分けして一目で分かるようにする、長めの文章には改行して余白を入れるといった方法が挙げられます。

　ポスターは一目で全体を見渡せるだけに、レイアウトやデザインが読みやすさに大きく影響します。これらのポイントを押さえ分かりやすいポスターを作りましょう。

【引用・参考文献】
(1) 文部科学省.高等学校学習指導要領（平成 30 年）解説総合的な探究の時間編.学校図書.2019.p.127
(2) 文部科学省.今、求められる力を高める総合的な探究の時間の展開.2023.p.24-27
(3) 文部科学省.高等学校学習指導要領（平成 30 年）解説総合的な探究の時間編.学校図書.2019,p.128
(4) 株式会社ベネッセコーポレーション.未来を拓く探究シリーズ 探究ナビ.株式会社ベネッセコーポレーション.2023.p.96-98
(5) 関西大学商学部.論文の書き方ガイド.p.4. https://www.kansai-u.ac.jp/Fc_com/pdf/H27_kakikata.pdf　最終閲覧日 2024.5.5
(6) 井下千以子.思考を鍛えるレポート・論文作成法.慶應義塾大学出版会,2013. p .86-87, p .85-97
(7) 登本洋子ほか.改訂版 学びの技 14 歳からの探究・論文・プレゼンテーション.玉川大学出版.2023. p .132-133
(8) 井下千以子.思考を鍛えるレポート・論文作成法.慶應義塾大学出版会,2013. p .86-87, p .122-23
(9) 登本洋子ほか.改訂版 学びの技 14 歳からの探究・論文・プレゼンテーション.玉川大学出版.2023. p .124-125
(10) 中澤務ほか.知のナヴィゲーター.くろしお出版.2007. p .99-104
(11) 直江健介ほか.プレゼンテーション入門・学生のためのプレゼン上達術.慶應義塾大学出版会.2020. p .57-60
(12) 文部科学省.今、求められる力を高める総合的な探究の時間の展開.2023.p.58
(13) 直江健介ほか.アカデミックスキルズ プレゼンテーション入門 学生のためのプレゼン上達術.慶應義塾大学出版会.2020. p .72-73
(14) 直江健介ほか.アカデミックスキルズ プレゼンテーション入門 学生のためのプレゼン上達術.慶應義塾大学出版会,2020. p .72-73
(15) 学会運営ジャーナル.学会発表（ポスターセッション）用ポスターの作り方ガイド.学会発表(ポスターセッション)用ポスターの作り方ガイド | SOUBUN.COM 最終閲覧日.2024.5.04

探究の実践事例

明照学園樹徳高等学校(群馬県)

探究学習の授業での展開の仕方

探究活動の全体像

広井 勉 教諭

樹徳高等学校の特色

　創立110年を超える群馬県桐生市に位置する私立の共学校である。普通科3コース（進学探究コース・キャリア探究コース・中高一貫校コース）の中に多様な学力層の生徒が在籍するが、総合的な探究の時間はコース横断型で同じカリキュラムに取り組む。進路は多岐にわたり、大学、短期大学、専門学校、そして就職と様々である。部活動は、運動部・文化部ともに盛んであり、野球部、陸上競技部、卓球部、相撲部、バスケットボール部、柔道部、少林寺拳法部、吹奏楽部、理科部など、全国大会や関東大会で活躍する部活動が多数存在する。

樹徳高等学校の教育目標

(1)　「共生（ともいき）」という仏教の教えを基にして、自他を尊重し、多様性を認めるとともに、生かされていることに感謝し、自ら進んで社会に貢献しようとする豊かな心（慈悲心）を涵養する。

(2)　社会や生活における課題を自分のこととして引きつけて捉えるとともに、自分の人生を自分の力で切り拓いていく、智慧のある「自主独立」の人材を育成する。

(3)　希望する進路目標を実現できる確かな学力*を獲得するとともに、将来の様々な課題にも対応できる人間力と健やかな身体を養成する。

確かな学力*とは

・生きて働く「知識・技能」

・未知の状況にも対応できる「思考力・判断力・表現力等」

・学びを人生や社会に生かそうとする「学びに向かう力・人間性等」

探究活動の目標
(1) 探究の過程を通して、課題発見と解決に必要な「考えるための技法」を身に付けるとともに、課題に対して挑戦しようとする気概を涵養する。
(2) 実社会や実生活に関わりの深い課題を主体的に発見し、将来に活用できる解決の方策を追求する力を養う。
(3) 探究の過程において、生徒同士のよさを生かしながら協力して事に当たるとともに、その成果を周囲にわかりやすく伝える力を育成する。

身に付けさせたい資質・能力（樹徳の10の力）
(1) 知識・技能 … 社会の中で生きて働く知識・技能、思考の基となる教養、希望する進路目標を実現する基礎的な学力
(2) 課題発見力 … 様々なことに疑問を持ち、違和感を大切にし、課題に気づく力
(3) 課題解決力 … 問題の原因・背景や解決の具体的な方策を考え、追求する力
(4) 発信力 … 自分の考えや思いを周囲にわかりやすく伝え、理解してもらう力
(5) 自主性 … 物事を他人任せにせず、自分のこととして引きつけて考え判断し、自ら行動する力
(6) 挑戦する力 … 自らの心の限界を意識し、勇気を持って一歩踏み出そうとする気概
(7) 主体性(努力継続力) … 自分で目標を設定し、方法(方策)等を調整しつつ、粘り強く努力を継続する力
(8) 他者理解力 … 自他共に大切にし、多様性を認め、立場を置き換えて共感的に理解する力
(9) 感謝する心 … 生かされていることを自覚し、ひとを敬う気持ちをもつこと

⑽　奉仕の精神　…　他人のために行動し、誰かの役に立ち、社会に貢献する姿勢
＊本校では学校の教育目標と探究活動の目標をリンクさせるために、進路指導部進路研究コアメンバー（本校全体の探究活動を推進するために企画・調整・運営などにあたる中心メンバー）が、ブレインストーミングを使い、学校や生徒の強み・弱みについて考え、最終的に樹徳の生徒に身に付けさせたい資質・能力の候補を選出した。その後全教員にアンケートをとり、10の身に付けさせたい資質・能力を決定した。
＊探究活動を推進するために、全教員で目標を定め、探究活動を推進する機運を醸成することで、学校全体で一体感を持つことができた。
＊この10の力を身に付けるために必要な探究活動の目標を、資質・能力の三つの柱を踏まえながら本校の教育目標にリンクするように考え作成した。そのために、生徒が探究活動を行うことで、学校の教育目標を達成するようになっている。

探究活動の3年間

1年は、考えるための技法や探究の過程など、探究の基礎を学ぶ。
○探究の過程(①課題の設定　②情報の収集　③整理・分析　④まとめ・表現)を2回行う
2年は、興味・関心に基づき、自由に課題を設定し、グループ探究活動を実践する。
○探究の過程(①課題の設定　②情報の収集　③整理・分析　④まとめ・表現)を1回行う
○探究活動報告会(ポスター発表)、および優秀探究活動報告会(口頭発表)を実施
○大学教員や大学生メンターによる指導
3年は、興味・関心に基づき、自由に課題を設定し、個人探究活動を実践する。

○探究の過程（①課題の設定　②情報の収集　③整理・分析　④まとめ・表現）を１回行う

　１，２，３学年総合的な探究の時間　…　水曜日５校時

探究活動を推進するための工夫

・やるべきことを押さえた指導案、学年会議でのレクチャー、現場の教員が戸惑いそうな授業の前に研修の時間を設ける等の工夫を通じて、教員の目線を合わせる。その際に、全教員分を購入した『探究－理論と演習』（一藝社 田口哲男著）と『探究ナビ』（ベネッセ）を参考にしている。
・推進体制として、進路指導部の進路研究会議を週に１回開催している。副校長、顧問、各学年、一貫校の教員（11名）、外部講師がコアメンバーとして活動している。また、授業担当は担任と副担任の二人体制であり、学年会議では探究の授業についての打ち合わせが行われる。

進路指導部進路研究会議（進路研究コアメンバー）
　　　　　　　　　　　　　　…　火曜日２校時
　１学年学年会議（担任・副担任）　…　火曜日３校時
　２学年学年会議（担任・副担任）　…　木曜日４校時（不定期）
　３学年学年会議（担任・副担任）　…　金曜日４校時（不定期）

・探究基礎・グループ探究活動・個人探究活動を進めるにあたって、テーマや課題設定など、つまずきやすい場面で探究ナビ（ベネッセ）のワークシートを参考にするなど、探究ナビを辞書的な活用をすることで探究活動を深める。
・授業用テキストとして探究ナビ（ベネッセ）を使用し、それに基づいたオリジナルのワークシートを作成する。ワークシートは紙だけでなくデジタルでも配信し、生徒はクラウド上で共有してグループで作業するこ

とができる。授業の振り返りはGoogleフォームを使用して行われる。
・担当教員の負担を軽減するために、指導案やワークシートに工夫を凝らし、生徒が何をどこまでやればよいのかを明確に示している。
・各クラスの進度や理解度が揃うように、全生徒を体育館に集めて一斉指導（またはGoogleMeetによる一斉オンライン指導）をする機会を設け、全員が同じペースで進めるようにする。
・大学教員や大学生メンターを招いて授業を実施することで、生徒がより専門的な知識やアドバイスを得る機会を提供する。

学習指導案の特徴
(1) 指導案は進路研究メンバーが持ち回りで作成する。
(2) 指導案は、「誰が」「何を」やるべきなのかを示し、教員がやるべきこと、生徒がやるべきこと、時間があればやることを明確化する。
(3) 指導案は授業の目的、概要、事前準備を提示し、授業の展開を例示する。
(4) 指導上の留意点の解説や、各指導の目安時間を示し、教員の負担軽減につなげる。

図　学習指導案の例

20240417〔１学年〕学習指導案
考えるための技法①～シンキングツール「ベン図・PMI」

1　授業の目的
　　　物事の共通点と相違点を比較するのに役立つシンキングツールである「ベン図」と、「よい点」、「よくない点」、「気になる点」を整理し、物事を多面的・多角的に見るのに役立つシンキングツールである「PMI」の２つの技法について実習をとおして理解する。また、探究の過程の他に、学校生活や卒業後等でも活用できるようにする。

2　授業の概要
　　テーマ　　小麦の高騰から、朝食を「パンからごはんに変える」という消費者が３割に上がっているという調査結果が出た。お米とパンそれぞれの特徴を考えていく。

　　　導入のための資料を事前に生徒へ配布し、小麦の高騰からごはん派が増えているという調査結果を生徒に示しておく。本時はまず、ベン図を用いてお米とパンの固有の特徴や共通する特徴を比較する。その後、PMIを用いてPlus(よい点)、Minus(よくない点)、Interesting(気になる点)を個人およびペアワークで多面的・多角的に検討して書き出す。時間に余裕があればアイデアをクラス全体に共有する。

3　事前準備
　　（１）係　　：事前配布資料①②・ワークシート(個人およびペアワーク用)・振り返り用紙
　　（２）担任：事前配布資料①②＊前日帰りのHRで配布・探究ナビ教師用・『探究－理論と演習』・タイマー(時計)
　　（３）生徒：事前配布資料①②・探究ナビ(p20,28)・ノート・筆記用具・保管用ファイル(緑)

4　本時の展開　　**太字：教員が特にやるべきこと**　<u>下線部：生徒が特にやるべきこと</u>　反転：時間があればやること

指導内容	学習活動	指導上の留意点
導入 （５分）	・事前学習用に資料を前日に配布しておく。 ・授業のはじめにワークシートと振り返り用紙を配布しておく。 ・探究ナビp18,p19のシンキングツールの概要を教員が説明し、シンキングツールが授業だけではなく、学校生活や卒業後でも活用できることを確認する。	・事前に資料を配付し、お米とパンそれぞれの特徴を調べさせておく。 ・導入は「ごはん派」か「パン派」か「その他」か聞いてみる。 ・クラスが楽しい雰囲気になるように努める。 ・時間はWebタイマーを使うと便利である。
展開① ・シンキングツールの説明と実習 （１５分）	・「ベン図（＊比較する）」の特性と活用法を教員が説明する。 【５分】探究ナビp20 ・<u>（１）お米とパンの共通点と相違点を書き出す。</u> 　　＊個人【５分】・ペアワーク【５分】で実習する。 　　＊ワークシートを使用	・書き出した特徴を多面的な観点から分類するためのツールなので、とにかく思いつくものを書き出すように指示する。 　＊単語OK ・思いつかないときは、事前配布資料や、家庭基礎の教科書や、地理の教科書などを参考にしてもよい。 ・考える時間、意見をまとめる時間は生徒の実態に応じて指導者が指示する。 ・探究ナビp20を参照する。
展開② ・シンキングツールの説明と実習 （１５分）	・「PMI（＊多面的・多角的に見る）」の特性と活用法を教師が説明する。 【５分】探究ナビp28 ・<u>（２）お米とパンのPlus(よい点)、Minus(よくない点)、Interesting(気になる点)を書き出す。</u> 　　＊個人【５分】・ペアワーク【５分】で実習する。 　　＊ワークシートを使用	・それぞれの視点から物事を評価し、判断し、改善するツールなので、**正解、不正解は気にせず、自分の考えを書き出すように指示する。＊単語OK** ・思いつかないときは、事前配布資料や、家庭基礎の教科書や、地理の教科書などを参考にしてもよい。 ・考える時間、意見をまとめる時間は生徒の実態に応じて教員が指示する。 ・探究ナビp28を参照する。
発表とまとめ （１０分）	・**<u>（３）お米とパンどちらのほうがよいのか、それぞれの特徴を踏まえてまとめる。</u>** ・**<u>（４）「ベン図」や「PMI」がどのようなシンキングツールであるかを振り返る。</u>**【５分】 ・<u>振り返りを行う。</u>【５分】	・**代表者が発表し、クラス全体で共有する。** ・振り返り用紙に記入させる。 　＊提出期限：翌日の朝のHR 　＊自己評価は自分の評価基準で構わない。

探究の実践事例　　217

ワークシートの特徴

1. 探究ナビ(ベネッセ)のワークシートなどをベースに、生徒の興味・関心に即した形にアレンジして使用する。
2. 生徒が身近に感じるテーマを設定してアレンジしており、生徒の興味・関心を引き出す。
3. 現場の教員の負担をできるだけ減らすため、何に取り組めばよいのか、生徒がひと目でわかるような説明を入れる。
4. 必須のワークのほか、「時間があればやること」を分けて明示しており、生徒が自分のペースで取り組めるようにしている。

ワークシートの例

20240417 ワークシート〔個人およびペアワーク用〕　　＊提出期限：令和6年4月18日（木）朝のHR

年　組　番　氏名

「**朝食におけるお米とパン、それぞれの特徴を整理しよう!!**」
（1）「ベン図（＊比較する）」を使って、お米やパンの共通点や相違点を個人で書き出してみよう。また、ペアワークで書き出した内容を共有して整理しよう。
　　＊思いつかないときは、事前配布資料や、家庭基礎の教科書や、地理の教科書なども参考にするといいかも。

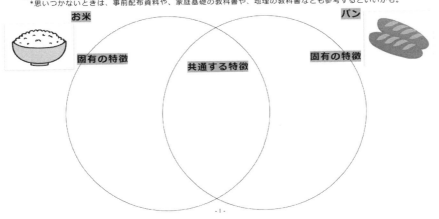

（2）お米やパンの共通点や相違点をもとに、「PMI（＊多面的・多角的に見る）」を使って、よい点・よくない点・気になる点を個人で書き出してみよう。また、ペアワークで書き出した内容を整理しよう。

	Plus　（よい点）	**M**inus　（よくない点）	**I**nteresting　（気になる点） ＊疑問・おかしいなと思ったこと・知りたいことなど
お米			
パン			

（3）「PMI」で検討した内容をもとに、お米とパンどちらがよいのか考えてみよう。　＊正解はないので、自分の考えでよい。
〔時間があれば考えてみよう。〕

（4）今後に向けた展開　「ベン図」や「PMI」は他にどのような場面で使えるかを考えてみよう。
〔時間があれば考えてみよう。〕

探究の実践事例　219

探究活動の振り返り〔抜粋〕

【教員の声】
・主体的・対話的な深い学びのスキルが向上し、自ら学び、他者との対話を通じて深い理解を得る能力が養われた。
・様々な問題に対して主体的に調査し、課題解決に積極的に取り組む姿勢が身についた。
・ICTを活用した学習やグループワークがスムーズに行えるようになり、情報収集や共有が効率的に行われるようになった。
・生徒同士のコミュニケーションが円滑になり、話し合いやグループワークが活発化した。
・話し合いに抵抗がなくなり、自らの意見を積極的に述べることができるようになった。また、他者の意見を尊重し、建設的な議論を行う能力が向上した。
・グループ内での協働作業やICTツールの活用を通じて、課題を明確にし、解決策を提案する能力が向上した。
・学習面談や進路指導において、シンキングツール(ロジックツリー)を活用した学習計画の策定や指導が行われるようになった。
・小論文対策や英検のライティング対策などで、シンキングツールの活用が効果的に行われ、学習成果が向上した。
・部活動の指導において、生徒が自ら考え、実践的な練習内容を企画・実行する力が養われた。
・生徒会や実行委員の活動において、シンキングツールの活用が進み、客観的なデータの収集や目標の設定が容易になった。

【生徒の声】
知識・技能
・気になることを調べる過程で、新しい知識や理解を得られた。
・社会で生きて働くための基礎的な知識・技能が身に付いた。

・授業を通じて知識が増え、成績も向上した。

課題発見力
・日常の生活や周囲の状況に対して多くの疑問を持つようになった。
・課題設定に関して前よりもスムーズに決定できるようになり、自分の意見も増えた。
・疑問や違和感を無視せず、様々な視点から周りをよく観察し、課題を発見する力が向上した。

課題解決力
・問題の原因や解決方法を具体的に考え、追求する意欲が高まった。
・問題解決に取り組む際により多くの視点を考慮することができました。
・探究を深める過程で、問題の理由を知りたいという欲求が高まり、解決に向けて多くの情報を収集し、積極的に行動できるようになった。

発信力
・グループ内での議論や発表の場で、自らの考えを明確に表現できるようになった。
・自己発信力が向上し、自分の意見を遠慮せずに述べられるようになった。
・発表や議論の際に、相手に理解してもらえるような説明や発信ができるようになった。

自主性
・過去には他人に任せっぱなしにしていた傾向があったが、積極的に行動するように変化した。
・グループ探究活動において、自らの役割を考えて行動することができるようになった。
・グループ活動や探究活動を通じて、自分の意志で行動することの重要

性を理解し、実践することができた。

挑戦する力
・新しいことに挑戦する際に困難があっても、逃げずに取り組むことができるようになった。
・探究を通して、従来の興味や得意分野にとどまらず、幅広い分野にチャレンジする意欲が高まった。
・毎日の学習や目標達成に向けて、積極的に取り組む習慣が身についた。自己管理能力が向上し、目標達成のために全力で取り組むことができるようになりました。

主体性(努力継続力)
・問題に対して自ら考え、解決策を見つける姿勢が身に付いた。
・目標に向かって継続して取り組む意志が養われた。
・課題解決に取り組む際、諦めずに問題に向き合い、解決策を見つけることができるようになった。

他者理解力
・班内で意見の相違があっても、協力して解決策を見つけることができた。
・他人の発表を聞いて共感し、自分の視点を広げることができるようになった。
・グループ内で協力することで、個々のアイデアを共有し合い、より充実した成果を得ることができた。

感謝の心
・友人や仲間からの支援や協力に感謝した。
・周囲の人々の支えや協力があってこそ、自らの成果や成功が可能だということに感謝したい。

・周りの人々への感謝の気持ちを忘れず、これからも人としての礼儀を持ちたい。

奉仕の精神
・探究活動では、班の円滑な進行のために積極的にサポートしました。
・自己中心的な態度から脱し、他者のために率先して行動することができるようになった。
・探究活動を通じて、他人のニーズや役割を考慮し、貢献することの意義を理解できるようになった。

探究活動の成果

　本校において総合的な探究の時間の取り組みが本格的にスタートし、まだ2年目が終わったところではあるが、校内外で様々な具体的な成果が上がりつつある。一般的に総合的な探究の時間に取り組むにあたって、教員間の温度差により目線合わせが最初の大きな課題となる。しかし、本校では、目の前の高校生に変化が見られ、以下に示す対外的な成果から、半信半疑だった総合的な探究の時間に対する教員の見方や考え方にも変化が表れ、共通理解のもと前向きな姿勢が見られるようになってきた。

・オープンスクールにおいて授業体験「総合的な探究の時間」を実施
・県内の中学校2年生向けに出前授業「総合的な探究の時間」を実施
・全国教員対象研修において樹徳高等学校の取り組みを実践例として紹介
・県内の高等学校から本校「総合的な探究の時間」を視察
・全国高校生マイプロジェクトアワード2023　地域Summit特別賞 上位200校／全国2,300校中
・ベネッセ全国探究コンテスト2023　一次審査合格
・ジュニア農芸化学会（ポスター発表）に参加
・地元地方紙に探究活動報告会（ポスター発表）の記事が掲載
・地元地方紙に大学教員を招聘した出前講義の記事が掲載

目の前の生徒が変われば、教員側も変わらざるを得ない。教員が変われば生徒もさらに変わる……この好循環が学校を変化させ、生まれ変わろうとしている。総合的な探究の時間は教科の一つに過ぎないが、各学校の工夫した取り組み次第で、学校自体に改革を起こすきっかけとなる。高校生の卒業後の人生がより豊かなものとなるように、教員側も総合的な探究の時間に対して、これからも探究し続けたい。

探究計画書作成の実践事例

小林弥生 教諭

目標の設定に至るための分析表

　樹徳高校には、総合的な探究の時間について、どのように進めるかを協議し指導案を作成するチームが存在します。チームで練られた方向性や指導案を、各学年の担任・副担任の先生方と共有して、実際の授業を進めていきます。現在、私は、チームの一員として、主に「探究計画書の作成」の指導案を担当しています。指導案の作成では、生徒の様子を思い浮かべながら、なるべく主体的に考え活動してもらえるように、また、担任の先生方の負担感を少しでも軽減することができるように、という思いを出発点にしてつくるように心がけています。

　樹徳高校で総合的な探究の時間が実際に始まって2年目のとき、探究計画書の作成過程で見受けられる生徒のつまずきを何とか取り去ることはできないだろうかと苦慮した結果、「プレ探究計画書」と「目標の設定に至るための分析表」を思いつき、その年の第1学年の後半で取り入れることにしました。

　「プレ探究計画書」は、文字どおり、探究計画書の作成前につくるものです。「プレ探究計画書」をつくることで、探究計画書の作成の一部を誘導的に行うことができるようになり、作業効率を上げることが期待できます。

「目標の設定に至るための分析表」は、生徒が枠にとらわれず、思いつくままにアイデアを書きとめ、それらを整理するのに役立ちます。「プレ探究計画書」や探究計画書の作成において役立てられるほか、探究の過程を進める中での試行錯誤をサポートできると期待しています。

　現状では、この「プレ探究計画書」と「目標の設定に至るための分析表」を使ってみたから何かが劇的に変わった、ということはまだ見受けられません。長い目で見たときに、探究の過程を踏むための一助になるかも知れません。「プレ探究計画書」と「目標の設定に至るための分析表」にまつわるエピソードを紹介します。

現状と課題

　第1学年では、トレーニングと称し、探究の過程を2回経験させることを目標に、年間実施計画が立てられています。樹徳高校では、生徒が自由に探究のテーマを設定することができ、生徒は、考えるための技法としていくつかのシンキングツールについて学び、「課題の設定→情報の収集→整理・分析→まとめ・表現」の順で探究への理解を深めます。

　探究計画書は、「課題の設定」の回で登場します。年間で経験する2回の探究の過程のうち、1回目は、「課題の設定」が探究の4つの過程のうちの一つであることやテーマの探し方をおおまかに知ることから始めます。そして、自己SWOT分析をとおして、実際に、自分が興味・関心を抱いている事柄を見つけます。さらに、その興味・関心を抱いている事柄の中から探究のテーマとしてよさそうなものを吸い上げ、探究計画書を書いてみる、というところまでを行います。この1回目の「課題の設定」で行う探究計画書の作成では、「とりあえず書いてみる」という行為を大切にしています。この作業を経ることで、次の2点を生徒に意識付けたいと考えます。
① 　課題の設定は、探究活動の核となる大事なステップである。

②　探究活動は、「すでに知っていることやネットですぐに検索できてしまうことをまとめたら終わり」の活動ではなく、多角的な視野を持って取り組む必要があり、試行錯誤を重ねる必要がある。

　２回目の「課題の設定」では、１回目よりも具体性のある探究計画書の作成を目指します。生徒には、テーマを、SDGsの17の目標の中から１つ選択させる方式をとります。課題を見いだし、どのように解決していきたいか、という探究の各過程を考える作業に、より時間をかけることが可能になると見込めます。

　樹徳高校で、総合的な探究の時間が始まった１年目のとき、「とりあえず書いてみる」だけでよかった初回の探究計画書の作成は、ほとんどの生徒がそれなりに完成にこぎつけることができました。しかし、より具体性のある探究計画書の作成を目指した２回目の取り組みでは、作業の進まない生徒が多く、そのまま冬休みに突入したこともあって、うやむやな最後を迎えてしまいました。

　２年目を迎えた年の第１学年の指導では、生徒が取り組みやすい探究計画書の作成方法を考案することを念頭に置き、指導案をつくることにし、生まれたのが「プレ探究計画書」と「目標の設定に至るための分析表」です。

　このとき配慮した事項は次のとおりです。
・探究計画書の作成にあたり、生徒のつまずきの原因を見つけ、極力取り去る。
・思いついたアイデアを整理し、生徒自身がいつでも原点に立ち返ったり、考え直したりしやすいようにする。
・生徒が、躊躇せずにアイデアを出せるようにする。

「プレ探究計画書」に至るまで

樹徳高校の探究計画書は、ベネッセの『探究ナビ』にならい、次の6つの項目から成り立っています。

① 設定した課題（探究のテーマ）
② 課題を設定した理由
③ 目標
④ 予想される答え（仮説）
⑤ 方法
⑥ スケジュール

ここで、生徒の活動と同様に、SDGsという大枠のテーマから題材を選んで探究計画書を作成することを考えてみます。

例えば、SDGsの17の目標のうち、14番目の「持続可能な開発のために海洋資源を保全し、持続可能な形で利用しよう」を題材として選んだとします。

次に、この内容に関連する分野で、何が問題となっているかを事実に基づいて考えます。今回は、

「人々の生活から出されるプラスチックごみが、やがてマイクロプラスチックとなり、それを摂取し続けて海洋生物が死んでしまうこと」

が問題である、と考えたとします。

続いて、課題の設定を行います。どうすれば問題を解決できそうか、という行動指針に基づいて考えます。今回は、

「どうすれば、マイクロプラスチックが原因となる海洋生物の死滅を防ぐことができるか。」

を課題として設定します。

この辺りまでは、生徒は時間をかけながらも進めていくことができます。高い障壁になっているのは、3つ目の目標の設定です。目標の設定には、生徒自身によるアイデアの創発が不可欠ですが、見通しを持とう

とすればするほど、あれもだめ、これもだめ、と結局どのようなアイデアで探究計画を立てればよいのか、わからなくなってしまう生徒が多かったのです。それほど深く考えずに探究計画を立ててしまう生徒の場合、高校生が取り組むには現実的でない目標を設定したまま先へ進めようとして、探究の過程を踏めない事態に陥ってしまう場合もあります。いずれにしても、生徒はもちろんのこと、指導・助言役となる担任の先生方にとっても、大変な負担です。

　探究計画書の作成にあたっては、生徒によるセルフチェックができる機能を持たせた方がよいのではと、「プレ探究計画書」をつくることとしました。

「プレ探究計画書」と「目標の設定に至るための分析表」

　「プレ探究計画書」は、Work ①〜 Work ⑥に、順番に取り組む形式です。
　Work ①では、SDGsの中から選んだ題材を記入します。
　Work ②では、何を問題だと捉えているかを簡潔に記入します。
　Work ③では、見いだした課題は何かを簡潔に記入します。
　ここまでの3点については、誘導的に答える形式になっており、これは、そのまま探究計画書に反映させることができます。
　Work ④では、見いだした課題に対して、どうすれば解決できそうかを考えさせます。このとき、実現の可否は度外視させ、とにかく、多くのアイデアを書き出させるようにします。
　Work ⑤では、「目標の設定に至るための分析表」を記入します。これは、Work ④で出されたアイデアを仕分けするためのものです。生徒は、総合的な探究の時間として探究活動に取り組みます。アイデアとしては面白いけれど、資金や時間の制約などを考慮したとき、高校生にとっては実現の難しいアイデアも挙げられているはずです。アイデアの持つ性質から仕分けを行うことで、設定した課題自体を見直す必要性に生徒自身で気づくことができるかも知れません。

Work ④で、挙げられたアイデアが次のようなものだったとします。
・リサイクル技術の考案や開発をする。
・リサイクル量を増やす。
・リサイクルしにくいプラスチックを使わないように呼びかける。
・マイバッグを持ち歩く。
・市街地清掃の回数を増やす。
・プラスチック製品に代わるものの開発をする。
・生分解技術の開発と普及を促進する。

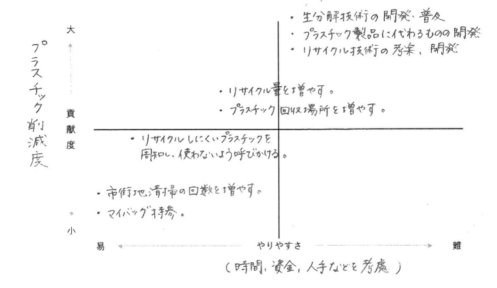

　これらのアイデアをもとに、Work ⑤を行うと、図のようになります。
　「目標の設定のための分析表」とは、簡単な二項軸の図のことで、縦軸と横軸にあたる項目は、探究のテーマに合わせて自由に変更可能です。
　仮に、生徒が「生分解技術の開発・普及の促進」を目標に掲げようとしていた場合、プラスチック削減に対する貢献度は高いかも知れないけれど、時間や資金の制約などを考慮するとやりにくさも高くなってしま

う、と自分で気づくことができ、その他のアイデアに目を向けることができます。探究の過程が進んだ後でも、そのまま進めるには無理があるかも知れない、となったとき、ここに立ち返って、目標の見直しをするのにも便利です。

最後に、Work ⑥です。Work ⑤で書いた「目標の設定に至るための分析表」から、目標として良さそうな候補を一つ選びます。そして、その候補の見込みについて考えさせます。

例えば、「市街地清掃の回数を増やす」を選んだとします。市街地清掃とは、樹徳生がボランティアで行っているまちなかのごみ拾い活動の名称です。この「市街地清掃の回数を増やす」ことが、課題として設定した「どうすれば、マイクロプラスチックが原因となる海洋生物の死滅を防ぐことができるか」について、解決の手立てになりうるかどうかという見込みを考えてみます。探究計画書に反映させるときには、この見込みの部分が、予想される答え（仮説）にあたる部分となります。

実際の解決策として、「市街地清掃の回数を増やす」を行おうとしたら、どうなるでしょうか。樹徳高校には、もともとボランティアに関心を寄せる生徒が多くいるため、在籍するコースに関わらず一定数の賛同者は得られるように思います。また、これまでに行ってきた市街地清掃では、ペットボトルなどのプラスチックごみが多く回収されています。そのため、市街地清掃の回数を増やせば、より多くのプラスチックごみを回収できるはずです。さらに、海から離れている陸の都市から排出されたプラスチックごみも、風に乗り、河川に落ちて、水流や紫外線などによって海へ到達するまでに微細化され、マイクロプラスチックになってしまうことが知られています。このように、経験して知っている事実や調べてわかった事実も一緒に考えるようにしてみます。

先述の通り、「プレ探究計画書」と「目標の設定に至るための分析表」

探究の実践事例

の作成による生徒の劇的な変化は今のところ感じていませんし、今後も改良を重ねる必要があると思っています。しかしながら、このステップを踏ませることで、探究活動を「何となく」で終わらせてしまう生徒を減らすことができるのではないかと感じています、生徒と先生、双方が抱える困りごとを取り除いて、総合的な探究の時間を進めやすくするアイテムになればと考えます。

　参考資料として、探究計画書を作成する授業（45分）の学習指導案、プレ探究計画書の記入例、探究計画書の記入例を次頁以降に示します。

20231213 〔プレ探究計画書②〕　資料(記入例)

年　組　番　氏名

SDGsの回で作成したワークシートを整理しよう！　【個人】
*前回までのSDGsで使用したワークシートを準備する。

【Work①】　SDGsの17の目標のうち、あなたが選んだ目標は？
目標の番号：　１４
目標の内容：　持続可能な開発のために海洋資源を保全し、持続可能な形で利用しよう。

【Work②】　①で選んだ分野で、あなたが問題だと考えていることを簡潔に書くと？
問題1　私たちの生活から出されるプラスチックごみが、やがてマイクロプラスチックとなり、それを餌と間違えて摂取し続けた海洋生物が死んでしまう。
問題2　私たちは海からも恩恵を受けているので、海洋生物の減少は私たちの暮らしへも悪影響を及ぼす。

【Work③】　②で書いた問題から課題を見出すと？
どうすれば、マイクロプラスチックが原因となる海洋生物の死滅を防ぐことができるか。

【Work④】　③で書いた課題に対する解決策（提案）をできるだけたくさん書き出して。
・リサイクル技術の考案や開発をする。
・リサイクル量を増やす。
・リサイクルしにくいプラスチックを周知して使わないよう呼びかける。
・マイバッグを持ち歩く。
・市街地清掃の回数を増やす。
・プラスチック製品に代わるものの開発をする。
・生分解技術の開発と普及を促進する。

探究の実践事例

【Work⑤】 ④で書いた解決策(提案)を仕分けてみよう。

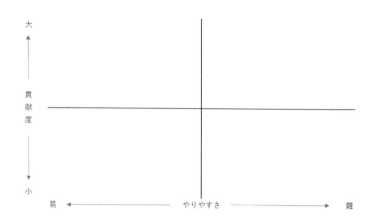

【Work⑥】 ⑤で書いたことから1つ候補を選び、その見込みについて考える。
- 市街地清掃では、プラスチックごみも多く回収している。　・・・【知っている事実】
- 海から離れた内陸の都市から排出されたプラスチックごみも、風に乗り、河川に落ちて、水流や紫外線などによって海へ到達するまでに微細化されて、マイクロプラスチックになる。
　　　　　　　　　　　　　　　　　　　　　　　　　　　　・・・【調べてわかった事実】
- 樹徳生は、もともとボランティアに関心の高い生徒が多いので、コースの垣根を越えて多くの樹徳生が賛同してくれると思う。また、土曜課外後の実施であれば、特に進学コースの生徒は参加しやすいと思う。

20231213 〔探究計画書②〕　資料(記入例)

年　　組　　番　氏名＿＿＿＿＿＿＿＿＿＿

以下の項目１．～６．にそって探究計画書①の作成に挑戦しよう。　【個人】
＊項目１．～３．は、プレ探究計画書を参照せよ。
＊項目４．～６．は、ここまでの活動をふまえて考えてみよ。
＊探究計画書②の具体的な記入例は、「探究ナビp35」や「資料〔例〕」および1学期に作成した探究計画書①を参照せよ。

１．設定した課題(探究のテーマ)　→　【Work③より】
＊疑問形で書く、まだ課題が明確でなければ、後に変更可能なので、興味のタネの"キーワード"でもよい。
＊今回限りの課題(探究テーマ)でもよい。

課題：どうすれば、マイクロプラスチックが原因となる海洋生物の死滅を防ぐことができるか？
（テーマ　『マイクロプラスチック削減に向け、今、私たちができることは何か。
　　　　　　　～海に焦がれる海なし県に住む、とあるグンマーのチャレンジ～　　』　）

２．課題を設定した理由　→　【Work②より】
＊興味・関心を抱いた理由は何か、社会的な背景や影響はどうなっているか、などをまとめる。

・私たちの出したゴミのせいで、海洋生物が死んでしまうのはかわいそうだから。
・海洋生物の減少は、食などの私たちの暮らしと関連があるため、この状況が続いたら将来どうなってしまうのか不安だから。

３．目的　→　【Work⑤より】
＊探究によってどのようなことを理解したいか、どのような新しいアイデアでの解決を図りたいか、どのように社会に貢献したいか、などをまとめる。

〔書き方の例〕　どうしたら～できるのか？　→　～を提案する、～を実行する。
　　　　　　　なぜ～なのか？、いつ・どこで・誰が～なのか？　→　～を明らかにする。

・市街地清掃の実施回数を増やし、プラスチックゴミの排出量を減らす。

４．予想される答え(仮説)　→　【Work⑥より】
＊設定した課題(探究のテーマ)に対して、現時点での自分が予想する答えを書く。

・市街地清掃では、プラスチックゴミも多く回収している。マイクロプラスチックとの関連性について広く知ってもらえれば、対策の必要性をわかってもらえると思う。
・土曜課外後に有志で市街地清掃を実施することに対して、コースの垣根を越えて賛同してくれる樹徳生がいると思う。特に、進学コースの生徒は参加しやすいはず。

５．方法
＊予想される答え(仮説)を証明するために具体的に必要なものを書き出す。
＊何をして検証するのか（文献調査・アンケート・インタビュー・フィールドワーク・実験・観察など）をまとめる。

・同学年の生徒を対象に、土曜課外後に有志で市街地清掃を実施することについて、アンケートを実施し、賛否を確認する。
・アンケートでは、自由回答欄を設け多様な意見を募る。
・アンケートの主旨が伝わるように、事前に説明できる場を設ける。
・マイクロプラスチックゴミの排出削減にすでに取り組んでいるＮＰＯに話を聞き、現状と課題を把握する。
・マイクロプラスチックゴミの排出削減について、文献やインターネットで調査をし、現状と課題を把握する。
・得た情報を整理し、マイクロプラスチックゴミの排出削減の必要性をまとめる。
・アンケートの趣旨説明においては、マイクロプラスチックゴミの排出削減の必要性について必ず触れ、今回の取り組みが課題解決の一歩であることを広く知ってもらえるようにする。

6．スケジュール（3ヵ月～最大6ヵ月程度）
＊大まかに、調査の準備・日程・分析にかける日数などの予定を書く。

だいたい3ヶ月くらい。

① ＮＰＯに連絡を取り、話を聞きに行く。
　↓
② 文献やインターネットで調査をする。
　↓
③ ①・②について、情報を整理し、マイクロプラスチックゴミの排出削減の必要性をまとめる。
　↓
④ アンケートを作成する。
　・このとき、③を盛り込むことを忘れない。
　↓
⑤ 同学年の生徒向けに趣旨説明をする。
　↓
⑥ 同学年の生徒向けにアンケートを実施する。
　↓
⑦ アンケートの回答を整理し、分析する。
　↓
⑧ 導かれる結論をまとめる。
　↓
⑨ 新たな課題に対してどのような調査をすればよいか考える。
　↓
⑩ 時間があるようなら、新たな課題に対する調査を開始する。

探究 Q&A

Q1 なぜ「総合的な探究の時間」が始まったのですか

A

　「総合的な学習の時間」は、1998（平成10）年の教育課程審議会答申で教育課程に位置付けられ、その後高等学校においては2002（平成14）年から段階的に始まりました。答申では、**全人的な力である生きる力を育むためには横断的・総合的な指導を一層推進する必要があり、そのための手立てとして「総合的な学習の時間」が創設**されました。指導の際のねらいに、「問題の解決や探究活動に主体的、創造的に取り組む態度を育て」と記載はありますが、現在のような探究学習を前面に打ち出してはいませんでした。しかし、学習指導要領が改訂されるたびに問題解決型学習である探究学習が徐々に強く打ち出されるようになりました。社会は今、急激にそして複雑に変化しています。この変化は、今後さらに進むと想定されます。知識や情報が矢継ぎ早に更新され、先を見通すことが困難な社会となってきました。複雑で予想困難な社会を生き抜くためにはもちろん知識は継続して必要ですが、それ以外の資質・能力も必要となります。

　知識の習得のみならず、知識の活用力、問題解決力などの認知的側面に加えて、学びに向かう力や人間性などの情意的側面や対人関係能力などの社会的側面にある非認知的な能力をバランスよく育むような教育に転換しようというのが「平成28年答申」が示している教育改革の一番大きなところです。総合的な探究の時間が名称新たに始まったのも、その教育改革の一環です。

Q2 「総合的な探究の時間」が重視されるのはなぜですか

A

　現代はグローバル化や技術革新などにより複雑で変化の激しい不確実

性の時代（VUCA）といわれています。新型コロナウイルスの世界全体への同時期の直撃などを経てVUCAは更に加速し根本的な価値観や行動様式を大きく変化させました。社会の在り方そのものがこれまでとは「非連続」と言えるほど劇的に変わる状況が生まれたのです。

　VUCAの時代を生き抜くためには、**周囲の人と協力しながら、問題解決に向けて積極的に関わっていく資質・能力**が必要になります。このような時代に必要なのは、未知の状況にも対応できる資質・能力である思考力・判断力・表現力等を、周囲の人たちと積極的に関わりながら、探究の過程を試行錯誤しながら経験することで身に付けることです。

　探究が今後ますます重視されるのは、探究の過程で身に付けられる課題を発見したり、それを解決したりするための資質・能力の獲得が社会を生き抜くためにより求められるようになったからです。

Q3　「総合的な探究の時間」は「総合的な学習の時間」とどこが違うのですか

A

　「平成28年答申」において指摘された「高等学校においては、小・中学校における総合的な学習の時間の取組の成果を生かしつつ、より探究的な活動を重視する視点から、位置付けを明確化し直すことが必要と考えられる」を踏まえて、探究の位置付けがより明確になりました。平成12年の創設より実施されてきた総合的な学習の時間と比べて、探究の過程が高度化することや、学習者が探究を自律的に行うことがより重視されることとなりました。

(1)　探究の過程が高度化する

- 探究を行うときに、目的と解決方法に矛盾がない「整合性」
- 探究を行うときに、適切な資質・能力を活用する「効果性」
- 焦点化し、深く掘り下げて探究する「鋭角性」
- 幅広い可能性を視野に入れながら探究する「広角性」

(2) 探究を行うとき、学習者が自律的に行っている
- その課題が自己にかかわりが深い課題である「自己課題」
- 探究の過程を見通しつつ自分の力で進めている「運用」
- 得られた知見を生かして社会に参画しようとする「社会参画」

　今までの総合的な学習の時間以上に、生徒が自律的に行うことや、課題の発見から解決までの過程を、発展的に繰り返したり、試行錯誤しながら行ったり来たりすることで、学習者自身がそのプロセスで育つ資質・能力を身に付けることを期待されています。

Q4　なぜ事前に探究のためのスキルを身に付けておくことが必要なのですか

A

　探究はPBL（プロジェクト型学習）なので、未熟で素朴な全体から洗練され精緻化された全体へらせん的に展開されていく学習といわれています。問題解決のためのスキルは試行錯誤しながら学習を進めていくうちに自然に身に付くともいえますが、やはり問題解決に必要な一定の知識やスキルは事前にあった方がよいでしょう。本来高等学校段階では小中学校の総合的な学習の時間でその知識やスキルを身に付けているはずです。もし、それがなければ、問題をどう発見したらよいかわかりませんし、課題の設定もできません。探究学習を進めるには、探究の過程で身に付ける知識やスキル以外に、「考えるための技法」をはじめとした言語能力や情報活用能力を持っていなければなりません。これらも探究の過程で活用している間によりよいものになると考えられます。なお、総合的な探究の時間では探究の過程をより高度化することが重視されています。

Q5 オーセンティックな学びと「総合的な探究の時間」の関係とは何ですか

A

　オーセンティックとは、「本物の、真正の」という意味です。学校からみて、オーセンティックといえば、「現実の社会の」ということになります。

　この現実の社会に存在する本物の実践（現実の社会で実際に行われている行為）に近い学びを学校で行うことが、今回の学習指導要領の改訂の根底にある考え方であり、それが今日行われている教育改革の方向です。

　奈須（2016）は「現実の社会に存在する本物の実践に可能な限り近づけて学びをデザインする」ことの必要性を述べています[1]。

　社会で実際に行われている行為をデザインするためには、社会を意識しながら各教科・科目の学びを深めていく必要があります。しかし、それだけでは十分ではありません。各教科・科目の学びを深めることは大切ですが、さらに、各教科・科目の本質的な部分を横断するような学びがどうしても必要になります。

　教科・科目横断の視点を持った学びでは、日常生活や社会に目を向けさせながらそこに存在する問題を見いだし、そこから解決に向けての課題を設定することを体験させる過程が必要になります。そして、それこそが、現実の社会に存在する状況に近い中での各学校の実践となります。

　そして、この教科・科目横断の視点を持って探究の過程を試行錯誤しながら行きつ戻りつ発展的に繰り返す学びのための時間が、まさに総合的な探究の時間です。

[1] 奈須正裕、文部科学省「資質・能力を基盤とした学校教育の創造」https://www.mext.go.jp/b_menu/shingi/chukyo/chukyo2/011/siryou/__icsFiles/afieldfile/2016/07/28/1374769_3.pdf　2024.5.28最終閲覧

Q6 自分の専門分野でない課題についての質問にどう対処したらよいのですか

A

　総合的な探究の時間で育成したいのは、探究の見方・考え方を働かせ、横断的・総合的な学習を行うことを通して、**自己の在り方生き方を考えながら、課題を発見し解決していくための資質・能力を身に付けること**です。

　学習者が、問いを見いだしたり、課題設定のための知識や解決するためのスキルが足りなかったりする場合には、様々な体験の機会を設定し、どうすればそれを補ったり、調べたりすることができるか、その調べ方、見つけ方を教えてあげればよいでしょう。

　また、協働性を育むためにグループ活動を行う時には、どうすれば**学習者が互いの能力を引き出せるのか、異なった意見をうまく折り合いをつけることができるのか**、という視点で捉えたらよいということを学習者に教えてあげればよいでしょう。

　高校生であれば、小学校 3 年から総合的な学習の時間を経験していますから、高校入学までに 7 年間、探究的な学習を経験しています。ですから、高校においては探究的な学習を全く経験してこなかった生徒はいないことを認識することは大切です。

Q7 探究課題と課題の違いは何ですか

A

　探究課題とは、それぞれの学校が設定した目標の実現に向けて、学校として設定した、生徒が探究に取り組むときの学び（学習）の対象（ひと・もの・こと）のことです。

　例えば、情報、環境、福祉・健康などの現代的な諸課題に対応する横断的・総合的な課題、地域や学校の特色に応じた課題、生徒の興味・関心に基

づく課題、職業や自己の進路に関する課題など、総合的な探究の時間の目標を踏まえた課題。具体的には SDGs、STEAM 教育、地域社会の活性化や地域貢献などでしょうか。

　課題とは、学校が設定した探究課題を踏まえながら、日常生活や社会に目を向けた時に湧き上がって自分事になった問題を解決するために具体的に取り組むべきこと(施策、計画など)です。問いを見いだすときには、現状を分析するとともに、疑問、関心、違和感、ギャップ等に着目しながら考えましょう。

Q8　課題の設定は生徒に任せたままでよいのですか

A

　学習指導要領では、課題については、学習者自身で見いだし設定することが重視されていますが、教師が必要に応じて「なぜ?」と問いかけたり突っ込みを入れたりすることで、学習者が振り返り、気づく、そのためのプロセスを作ってあげることは大切なことです。

　また、学習指導要領には「**実社会や実生活と自己との関わりから問いを見いだし、自分で課題を立て**」とありますが、すでに持っている学習者の知識や経験がたくさんあるわけでもないので、教師は、実社会や実生活と実際に関わることができる機会を意図的に設けることも必要になります。

　自分で課題を発見するプロセスは、学習者にとっては学習場面ですが、教師にとっては指導の場面です。まさに教師が力を発揮する場面であるということです。

探究 Q & A

Q9 「総合的な探究の時間」の指導計画を立てるとはどういうことですか

A

　指導計画には、全体計画と年間指導計画があります。全体計画については、それぞれの学校が、学校としてのこの時間の教育活動の基本的な在り方を示すものです。例えば、学校が定める目標、探究課題及びその解決を通して育成を目指す資質・能力で構成する内容をはじめ、学習活動、指導方法、指導体制、学習の評価等を計画に示すことが考えられます。

　一方、年間指導計画とは、全体計画を踏まえ、その目標の実現のために、どのような学習活動を、どのような時期に、どのように実施するか等、1年間の流れの中に配列したものです。

　個人的には、3年間の指導計画の初めの段階で、課題発見やそれを解決するために必要な知識やスキル、あるいは「考えるための技法」を、可視化するために、思考ツールを使いながら習得させ、その後習得した思考ツールを様々な形で活用しながら、実際に自分事の課題を発見させ、整理・分析やまとめ・表現をさせるという流れがよいのでは、と考えています。

Q10　主体的、協働的に学ぶとは何ですか

A

　学習者が社会に出たときに直面するさまざまな問題は、一人の力だけでは解決できないもの、多様な人々との協働により解決できるようになるものが多いのではないでしょうか。

　探究の学習活動においては、学習者が自分事となること、つまり問題を自分のこととして受け止め、問題解決に向けて粘り強く積極的に取り組もうとする主体性を持つことが必要になってきます。

　自分に対して「なぜ？」という問いを繰り返しながら見通しを持つと

ともに、自らの学習活動を振り返ることが主体性を高めることにつながるのではないでしょうか。

協働について、学習指導要領の解説では「異なる個性をもつ者同士で問題の解決に向かうこと」としていますが、実は、協働は一人一人が見いだされた問題に対して自分事になることで初めて成り立つものかと思います。

学習者が、主体的、協働的に学習活動を行う姿勢を持つことは、粘り強く探究することにつながり、さらに、学習者の考えを深め、自らの学習に対する自信と自らの考えに対する確信をもたせることにもつながるはずです。

Q11 「総合的な探究の時間」の評価はどうしたらよいのですか

A

総合的な探究（学習）の時間では、教科・科目と異なり、評定を行わず、活動や学習の過程、学習の状況や成果などについて、学習者のよい点、学習に対する意欲や態度、進歩の状況などを踏まえて評価することとしています。これらの評価結果については、指導要録には学習活動・観点・評価を記載します。

また、学期ごとの通知表等では、学習活動に対しての評価結果を文章で通知するなどの例があります。総合的な探究（学習）の時間では、**学習状況の結果だけではなく過程を評価することが求められています。学習の過程を評価するときには、観点別の学習状況の評価（ルーブリック評価のようなもの）** などを使います。

今まで高校では、ほぼ定期試験の結果をもって総括的な評価を行い、評定とする傾向がありました。学習指導要領では資質・能力の育成を目指しているので、特に、**探究の過程においては、学習者のよいところをフィードバックすることで伸ばしてあげる**ことが大切です。

Q12 「総合的な探究の時間」と 他教科・科目における探究との違いはどこですか

A

平成30年版高等学校学習指導要領では、古典探究や地理探究、日本史探究、世界史探究、理数探究基礎及び理数探究の科目が新設されました。総合的な探究の時間で行われる探究は、3つの点においてこれらの教科・科目の探究と異なっています。

第1は、**総合的な探究の時間における探究の学習対象が、実社会や実生活における複雑な文脈の中に存在する事象**であり、特定の教科・科目等に留まらず、横断的・総合的な点であるという点です。

第2は、他の探究が、その教科・科目における理解をより深めることを目的にしていることに対し、**総合的な探究の時間における探究では、複数の教科・科目等における見方・考え方を総合的・統合的に働かせ、実社会や実生活における複雑な文脈の中に存在する問題を様々な角度から俯瞰して捉え、考えていく**点です。

第3は、総合的な探究の時間における学習活動が、**解決の道筋がすぐには明らかにならない課題や、唯一の正解が存在しない課題に対して、最適解や納得解を見いだすことを重視**しているという点です。

Q13 学びに向かう力、人間性等を 育てるときの留意点は何ですか

A

探究学習において、**「自分自身に関すること」「他者や社会との関わりに関すること」の両方の視点を踏まえる**必要があります。その視点を学習者が自覚し、**内省（リフレクション：自分自身の心のはたらきや状態をかえりみること）的に捉えられる**ことが大切です。

なぜなら、二つの視点によって自他の存在や考えが明らかになることで、自分自身の変容や他者や社会との関わりに気付くことが期待できる

からです。こうした学びが実現されるには、学習活動に自己調整学習など、丁寧なリフレクション（振り返り）を位置付けることが欠かせません。

　リフレクション（振り返り）は、毎時間行うことがよいのですが、少なくとも学習活動の節目や終末に行い、**主たる学習活動やそこでの学びについて時間をさかのぼって見つめ直す**ことが大切です。このことによって自らを内省し、省察することにつながり、学びの意味や価値を生徒自身が自覚することにつながります。そこでは、**出来事を時間軸に沿って考えたり、事象同士を関係付けて考えたり、事実の背景にある原因を明らかにして考えたりしていくこと**が可能です。また、それらを対象化して自らの学びをモニターしていく。そのためにも、音声言語を使って意見交換したり、文字言語を使って表現したりする言語活動を行うことを心がけるとよいでしょう。まとめたことや調べたことの概要を「書く」ことで、それぞれの場面では気付きにくかった二つの視点を学習者が自覚し、内省的に捉え、自らの行為や態度へと高めていくことが期待できます。

　自分自身をリフレクション（振り返る）することでメタ認知力が高まり、そのことにより、「**自分自身に関すること**」では、主体性や自己理解、社会参画などの資質・能力が、「**他者や社会との関わりに関すること**」では、**協働性、他者理解、社会貢献などの資質・能力が育成**され発揮されていくようになると考えられています。また、**前例のない変化に積極的に立ち向かうために必要な、自分で目標を設定し、振り返り、責任をもって行動する能力である「エージェンシー」**の育成にもつながります。

【著者紹介】
田口哲男（たぐち・てつお）

共愛学園前橋国際大学短期大学部教授

群馬県立高等学校教諭・教頭、群馬県教育委員会高校教育課指導主事、高崎市教育委員会高等学校課長等を経て、高崎市立高崎経済大学附属高等学校長、群馬県立高等学校長等を歴任

現在は共愛学園前橋国際大学、公立大学法人高崎経済大学、育英大学兼任講師、明照学園樹徳高等学校探究アドバイザー

専門は教科教育学（総合的学習、特別活動、進路指導、道徳、理科等）、教育学（教育の方法、学校教育等）

主な著書『探究―理論と演習』（一藝社、2021年、単著）『高校における学びと技法　探究で資質・能力を育てる』（一藝社、2019年、単著）『高校生に確かな学力をつける』（学事出版、2018年、単著）『高大連携と能力形成』（日本経済評論社、2013年、共著）『NOLTY スコラ 探究プログラム』（NOLTY プランナーズ、2019年、監修）他

日本スポーツ協会公認コーチデベロッパー、公認コーチ4、日本バレーボール協会公認講師

イラスト / 天宮桔梗

@ICHIGEISHA

装丁/アトリエ・タビト

探究　理論と実践

2024年9月30日　初版第1刷発行

著者　　田口 哲男
発行者　小野 道子

発行所　株式会社 一藝社
〒160-0014 東京都新宿区内藤町1-6
Tel. 03-5312-8890　Fax. 03-5312-8895
E-mail : info@ichigeisha.co.jp
HP : http://www.ichigeisha.co.jp
振替　東京 00180-5-350802
印刷・製本　モリモト印刷株式会社

定価はカバーに記載しています。
© Tetsuo Taguchi

2024 Printed in Japan
ISBN 978-4-86359-288-9　C3037
乱丁・落丁本はお取り替えいたします
＊本書の無断複製（コピー、スキャン、デジタル化）、無断複製の譲渡、配信は著作権法上での例外を除き禁止。
本書を代行業者等の第三者に依頼して複製する行為は個人や家庭内での利用であっても認められておりません。

図表作成資料・参考文献等

二〇〇二年 鉄道用車両定置給水車通達 農林水産省ホームページ
二〇〇二年 対人回転式 保護服のいろいろ
二〇〇二年 保護具 いろいろな形の
警察官のためのメディカル対応マニュアル・インフルエンザ感染予防のためのAPOマスク
二〇〇二年 保護具 ヨコエイシンコーポレーションのAPOマスク
二〇〇二年 ヨコエイシンコーポレーションの防護服キムテックスA8Oほか
（英文・陸軍）二〇〇二年 兵士の防護服・ガスマスク装着写真
二〇〇二年 保護具 キムテックスA8Oの装着（軍）
一九九九年 保護具
一九九五年 保護具
一九九五年 保護具 ヨコエイシンコーポレーションの製品カタログ

著書

北里柴三郎伝 北里研究所編（一九五五年～一九七二年）
北里柴三郎伝 北里研究所編（一九七二年～二〇〇二年）

北の文芸三昧
――三国志・十勝漫歩・同時代文学を読む――

2017年11月23日　発行

著　者／岡本　一平
発行者／岡本　久和
発行所／中西出版株式会社
　　　札幌市東区東雁来3条1丁目1-34
　　　〒007-0823 TEL 011-785-0737
印刷所／中西印刷株式会社

©ISOO Okamoto 2017, Printed in Japan
落丁・乱丁本はお取り替えいたします。